dtv
Reihe Hanser

Die Schlagzeilen der Zeitungen und Magazine ähneln sich. Es geht fast immer um Wirtschaftspolitik: Der Arbeitsmarkt soll moderner werden, die Steuern sollen nicht mehr so kompliziert und die Renten sicher sein.

Wer soll da noch durchblicken? Dabei geht Wirtschaftspolitik alle Bürger an. Sie bestimmt das Leben und die Zukunft jedes Einzelnen.

Früher war Deutschland in allen Wirtschaftsdingen Spitze, heute gilt es oft als Sorgenkind. Natürlich sind die Politiker in Berlin nicht allein an allem schuld. Aber es gibt immer noch genug Bereiche, die Politiker steuern können: Wie schafft man mehr Arbeitsplätze? Wie viel Macht brauchen Gewerkschaften? Wie hoch dürfen Steuern sein? Wie macht man Politik ohne Schulden? Wie bereiten wir uns auf die Globalisierung vor? – Das sind nur einige der Fragen, die die Politik beantworten muss.

Um Reformen begreifen zu können, muss man die Grundzüge der Wirtschaftspolitik verstehen.

Cornelia Schmergal, geboren 1973, hat Volkswirtschaftslehre in Münster studiert und eine Journalistenausbildung absolviert. Heute arbeitet sie als stellvertretende Ressortleiterin in der Politikredaktion der *Welt am Sonntag* in Berlin und ist für die Berichterstattung über Sozial- und Wirtschaftspolitik zuständig.

Cornelia Schmergal

Wirtschaftspolitik

Was geht mich das an?

Deutscher Taschenbuch Verlag

Originalausgabe
In neuer Rechtschreibung
August 2005
© Deutscher Taschenbuch Verlag GmbH & Co. KG,
München
www.dtv.de
Umschlagbild: Jan Roeder
Gesetzt aus der Meridien 10,5/13˙
Gesamtherstellung Druckerei C. H. Beck, Nördlingen
Gedruckt auf säurefreiem, chlorfrei gebleichtem Papier
Printed in Germany · ISBN 3-423-62233-4

Inhalt

2
Steuern und Staatsverschuldung

3
Die Sozialversicherung

Vorwort

Eine Reform auf den Weg zu bringen bedeutet, etwas besser zu machen. So steht es zumindest im Lexikon. Seltsamerweise scheint heute kaum jemand glücklich zu sein, wenn die Politiker in Berlin oder anderswo im Lande mal wieder eine Reform verkünden. Im Gegenteil: Reformen sind ungefähr so beliebt wie ein Besuch beim Zahnarzt.

Dabei sind die Zeitungen Tag für Tag voll mit Berichten über neue Pläne der Politiker, und die Nachrichtensprecher verlesen im Fernsehen fast stündlich andere Meldungen darüber, was sich in Deutschland ändern soll. Die Schlagzeilen ähneln sich, denn fast immer geht es dabei um Wirtschaftspolitik. Der Arbeitsmarkt soll moderner werden, heißt es dann, die Steuern sollen nicht mehr so kompliziert und die Renten nicht mehr so hoch wie gewohnt sein.

Wer soll da noch durchblicken? So kommt es, dass viele Menschen Angst haben vor Veränderungen; davor, dass man ihnen etwas wegnehmen könnte; und davor, dass es bei alldem nicht gerecht zugehen könnte.

Dabei muss sich niemand vor Reformen fürchten, wenn *jeder* sie versteht. Wirtschaftspolitik geht uns schließlich alle an. Sie bestimmt unser Leben und unsere Zukunft. Sie diktiert, wie viel Bildung Kinder bekommen. Sie entscheidet, ob es genug Lehrstellen für Jugendliche und Arbeitsplätze für Erwachsene gibt. Sie legt fest, ob vom Lohn genug Geld zum Leben bleibt. Sie ist verantwortlich dafür, dass die Rente für die Älteren ausreicht und die Jüngeren doch nicht zu viel dafür bezahlen müssen. Und letztlich soll Wirtschaftspolitik auch dafür sorgen, dass mutige Menschen sich trauen, ihre eigene Firma zu gründen und etwas zu wagen.

Derzeit aber ist es nötig, in Deutschland einiges besser zu machen. Die Deutschen sind zwar längst nicht arm, aber ihr Wohlstand wächst nicht mehr so wie früher. Kurz: Früher war Deutschland in allen Wirtschaftsdingen Spitze, heute gilt es oft als Sorgenkind.

Viele kluge Menschen haben sich schon den Kopf darüber zerbrochen, warum die Wirtschaftskraft bröckelt, warum die Finanzminister immer höhere Schulden machen und die Zahl der Arbeitslosen immer weiter steigt. Ihr Rat lautet meistens: Viele der Regeln, die der Staat den Menschen und den Unternehmen gesetzt hat, müssen geändert werden.

Natürlich sind die Politiker in Berlin nicht allein an allem schuld. Wenn es zum Beispiel darum geht, Löhne als Preis für die Arbeit auszuhandeln, dann kümmern sich darum die Vereinigungen von Arbeitnehmern und die der Chefs – also die Gewerkschaften und die Arbeitgeberverbände. Und manchmal ist es schlicht so, dass auf der ganzen Welt die Wirtschaft einfach nicht brummen will, auch wenn die Politiker in Deutschland sich noch so sehr anstrengen.

Damit dürfen sich die Politiker aber nicht rausreden. Denn die Bereiche, die der Bundeskanzler, seine Minister und alle Abgeordneten steuern können, sind besonders wichtig: Wie schafft eine Regierung es, dass die Firmen wieder mehr Menschen beschäftigen? Wie hoch dürfen Steuern sein? Wie funktioniert Politik ohne Schulden? Wie kann die Rente sicher und die Krankenversicherung bezahlbar sein, wenn die Menschen immer älter werden? Und was hat die Globalisierung damit zu tun?

Um Reformen zu begreifen, lohnt es sich, über diese Grundzüge der Wirtschaftspolitik nachzudenken. Und wer versteht, muss sich nie mehr fragen: »Was geht mich das an?«

Berlin, im Juli 2005

1
Arbeitsmarkt und Lohnpolitik

Einmal zum Mond und zurück:
Warum ist Arbeitslosigkeit schlimm?

Mayas Leben hat sich von einem Tag auf den anderen völlig verändert. Gestern noch hatte sie einen Traumjob, heute nagt der Frust an ihr. Fünf Jahre lang hat Maya als Kamerafrau beim Fernsehen gearbeitet. Mal posierten Politiker vor ihrer Linse, mal filmte sie Popstars. Und immer ließ Maya ihre Kamera surren und drehte Aufnahmen, die abends das ganze Land sehen konnte. Vorbei.

Jetzt sitzt sie am Küchentisch und blättert in der Zeitung die Seiten mit den Stellenanzeigen durch. Maya ist arbeitslos. Plötzlich fühlt sie sich ganz alt und traurig, obwohl sie erst 22 Jahre alt ist.

Alles fing damit an, dass Mayas Fernsehsender Geldsorgen hatte, weil die großen Firmen immer weniger Werbung für Kaffee, Autos und all die anderen Produkte zeigen wollten. Irgendwann musste der Sender eine ganze Menge Menschen entlassen. Auch Maya gehörte dazu.

Seit sie arbeitslos ist, muss die Kamerafrau mit weniger Euro als zuvor auskommen. Zwar hilft der Staat allen Arbeitslosen in jedem Monat mit etwas Geld, dafür hat er sogar eine eigene Versicherung eingeführt. Dieses Arbeitslosengeld ist aber viel weniger als der Lohn, den Mayas Chef früher regelmäßig auf Mayas Konto bei der Bank überwiesen hat. Beim Einkaufen muss Maya jetzt auf jeden Cent achten. Und ihre Lieblings-Pizza beim Italiener kann sie sich nur noch selten leisten, zum Geburtstag vielleicht. Früher war das anders. Als Maya noch eine Stelle als Kamerafrau hatte, aß sie an jedem Wochenende mit ihren Freunden im »Ristorante Pepe«.

Nun, wahrscheinlich können Pepe und seine Pizzeria es irgendwie verschmerzen, einen einzigen Stammkunden zu verlieren. Allerdings liegt das kleine Restaurant ganz nah an jenem Fernsehsender, für den Maya früher gearbeitet hat. Vor ein paar Monaten noch waren stets alle Tische bei Pepe besetzt, mittags und abends. Manchmal mussten die Gäste sogar Schlange stehen, um auf einen freien Tisch zu warten.

Seit aber der große Fernsehsender auf der anderen Straßenseite so viele Menschen entlassen musste, ist es bei Pepe ruhig geworden. Diejenigen, die wie Maya ihren Job verloren haben, kommen überhaupt nicht mehr vorbei, weil sie es sich nicht mehr leisten können. Und diejenigen, die noch Arbeit haben, kommen seltener, weil sie Angst haben, dass auch sie ihren Job verlieren könnten. Da sparen sie lieber ihr Geld. Deshalb bleiben viele Tische bei Pepe jetzt frei, mittags und abends.

Wenn das so weitergeht, hat auch Pepe bald Sorgen. Weil er keine Pizza mehr verkauft, ist seine Kasse Abend für Abend ziemlich leer. Pepe braucht aber Geld, um den Lebensunterhalt für sich und seine Familie zu verdienen und um die zwei Köche und zwei Kellner zu bezahlen, die in seinem Restaurant arbeiten. Irgendwann drücken ihn die Geldsorgen so schwer, dass Pepe einen seiner Kellner entlassen muss. Er hat schlicht nicht mehr genug Arbeit für beide.

So geht es im Viertel neben dem großen Fernsehsender nicht nur Pepe und seiner Pizzeria. Auch die anderen Geschäfte verlieren ihre Kunden und verdienen weniger Geld. Es trifft die Autohändler und die Möbelgeschäfte, die Buchläden und den Party-Service, und am Ende muss auch der Bäcker seinen Gesellen entlassen. Erst waren es nur ein paar Arbeitslose, und plötzlich sind es ganz viele.

Was das für eine traurige Geschichte werden soll? Keine Geschichte, leider, sondern ein Stück aus der Wirklichkeit. Genau so funktioniert Volkswirtschaft. Ein Arbeitsloser zieht andere nach sich, und bald werden immer mehr Menschen ihren Job verlieren, genau wie bei Maya und Pepe. Das ist so ähnlich wie bei einer Kette von Dominosteinen: Wenn der erste umfällt, reißt er alle anderen mit sich.

Wenn es erst einmal viele Arbeitslose gibt, dann bekommt das ganze Land ein Geldproblem – allen voran natürlich der Finanzminister, der über das staatliche Portemonnaie wacht. Dafür gibt es sogar zwei Gründe: Zum einen muss der Staat die Arbeitslosen unterstützen. Weil er ihnen jeden Monat etwas Geld überweisen muss, gibt er natürlich viel aus, wenn immer mehr Menschen eine Arbeit suchen. Auf der anderen Seite bekommt der Finanzminister aber auch viel weniger Geld für seine Staatskasse. Jeder Mensch, der eine Arbeitsstelle und ein gewisses Einkommen hat, gibt dem Finanzminister etwas von seinem Geld ab. Von diesen Steuern lebt der Staat. Anders als Menschen, die einen Job haben, zahlen die Arbeitslosen aber keine Steuern.

Was jetzt passiert, ist logisch: Der Finanzminister muss mehr Geld ausgeben, bekommt aber gleichzeitig weniger Geld. Er hat also ein echtes Problem. Und meistens will er es lösen, indem er einfach die Steuern erhöht. Ob das funktioniert?

Wahrscheinlich nicht. Höhere Steuern bedeuten nämlich, dass all diejenigen Menschen, die Arbeit haben, von ihrem Geld noch mehr an den Staat abgeben müssen. Ihnen selbst bleibt weniger zum Leben, sie müssen also sparsam sein. Und wenn sie wieder an der Pizza sparen, dann muss Pepe vielleicht auch einen Koch entlassen oder seine Pizzeria ganz schließen.

Ein ganzes Land kann krank werden, wenn viele Menschen keine Arbeit finden. So ist es auch in Deutschland. Hier gibt es über fünf Millionen Arbeitslose. Und seit Jahren ist ihre Zahl immer nur gewachsen, aber nie wirklich gesunken.

Kluge Menschen haben einmal ausgerechnet, was die Arbeitslosigkeit das ganze Land tatsächlich kostet. Sie haben dazu alles zusammengezählt, wirklich alles: was der Staat mehr an Hilfe für die Arbeitslosen ausgeben muss und was er weniger an Steuern und Abgaben einnimmt; was die Arbeitslosen selber an Urlaub, Kleidung oder ihrer Wohnung sparen; wie viel weniger die Unternehmen für neue Fabriken und Maschinen ausgeben können. Die Wissenschaftler haben sogar versucht, in Geldbeträge zu fassen, dass arbeitslose Menschen vieles von dem vergessen, was sie einmal gelernt haben, und dass sie oft unglücklich und häufig krank sind.

Das Ergebnis ist fast unvorstellbar. Im Jahr 2002, als vier Millionen Menschen eine Arbeitsstelle suchten, kostete die Arbeitslosigkeit 230 Milliarden Euro.

Eine 230 mit eins, zwei, drei, vier, fünf, sechs, sieben, acht, neun Nullen: 230 000 000 000 Euro. So viel Geld kann sich niemand vorstellen, man kann es nur erahnen. Würde man 230 Milliarden Ein-Euro-Stücke aufeinander stapeln, dann wäre der Euro-Turm 535 900 Kilometer hoch. Er würde einmal bis zum Mond und fast wieder zurück reichen. Würde man ihn hinlegen, könnte man ihn einmal, zweimal, dreimal ... sogar dreizehnmal um den Äquator wickeln.

Wenn es also überhaupt keine Arbeitslosen in Deutschland gäbe, dann hätten die Minister und Politiker 230 Milliarden Euro übrig, mit denen sie allerhand anstellen könnten.

Sie könnten zum Beispiel für jeden Menschen auf der Erde 36 Tüten Gummibärchen kaufen. Würden sie die Tüten nur in Deutschland verteilen, wären es fast 2800 Tüten für jeden.

Sie könnten aber auch jede Menge Schulen, Universitäten, Schwimmbäder und Krankenhäuser bauen.

Sie könnten das Geld natürlich auch einfach verteilen. Dann bekäme jeder Einwohner Deutschlands 2800 Euro. Bar auf die Hand.

Aber das Geld ist nun mal weg, weil viele Menschen keine Arbeit finden. 230 Milliarden Euro – einfach weg, und zwar jedes Jahr aufs Neue. Jetzt kann man es sich vorstellen: Die Arbeitslosigkeit ist ein riesiges Problem. Vor allem für die Politik.

Der bange Blick nach Nürnberg:
Warum haben Politiker Angst vor Arbeitslosen?

In jedem Monat gibt es einen Tag, an dem der Bundeskanzler besonders nervös ist. Oft fängt es schon damit an, dass er schlecht geschlafen hat. Vielleicht kleckert er vor Aufregung sogar etwas Marmelade auf den Frühstückstisch im Kanzleramt. Regierungschefs sind eben auch nur Menschen.

An diesem Tag also legt der Bundeskanzler seine Stirn in sorgenvolle Falten und wartet auf die neuesten Zahlen aus Nürnberg. Wahrscheinlich würden sich die meisten Politiker nur sehr wenig für diese fränkische Stadt interessieren, residierte dort nicht eine sehr, sehr große Behörde: die Bundesagentur für Arbeit. Sie beschäftigt über 90 000 Menschen – so viele, wie in einer mittelgroßen Stadt wie Flensburg wohnen. Diese Behörde soll sich darum kümmern, dass alle Arbeitslosen schnell wieder einen Job finden. Vor allem aber zählt sie, wie viele Menschen in Deutschland eine Arbeitsstelle suchen.

Einmal im Monat gibt die Bundesagentur die genaue Zahl der Arbeitslosen bekannt. Normalerweise sitzen dabei einige Herren in blau-grauen Anzügen vor einer blau-grauen Wand und lesen viele, viele Zahlen vor. Obwohl das nicht besonders spannend aussieht, quetschen sich jede Menge Journalisten und Kameraleute in den Raum, um über diese neuen Zahlen zu berichten. Vor allem deswegen ist der Bundeskanzler in Berlin ein bisschen nervös.

Die Politiker haben nämlich ein paar Grundregeln: Wenn es nur wenige Arbeitslose gibt, dann gilt eine Regierung als erfolgreich und damit auch der Bundeskanzler. Schließlich ist er der Chef. Der Kanzler wird sich also damit brüsten, dass er eine gute Wirtschaftspolitik gemacht habe (auch wenn das vielleicht etwas anders war). Er kann sich fast sicher sein, dass bei der nächsten Wahl zum Bundestag, die alle vier Jahre stattfindet, wieder viele Menschen seiner Partei ihre Stimme geben werden.

Wenn die Zahl der Arbeitslosen aber steigt, ist das für die Regierung schlecht. Die Menschen, die ihre Stelle verloren haben und keine neue finden, sind wütend. Bei der nächsten Wahl wollen sie den Politikern einen Denkzettel verpassen – vor allem der Partei des Bundeskanzlers. Deshalb wählen sie eine andere als dessen Partei. Außerdem gibt es viele Menschen, die zwar eine Arbeitsstelle haben, aber fürchten, diese zu verlieren. Auch sie geben ihre Stimme vielleicht einer anderen Partei. Weil sie Angst haben. Falls eine andere Partei dann sehr viel mehr Stimmen bekommt, verliert der Bundeskanzler seinen Arbeitsplatz. Und wer ist schon gern arbeitslos?

Wenn besonders viele Menschen arbeitslos sind, dann kommt es sogar vor, dass die Bürger aus Wut Parteien wählen, die gefährlich sind. Sehr, sehr gefährlich sogar. Im Jahr 1933 etwa war die Zahl der Arbeitslosen sehr hoch. Die Wahlen gewann ein gewisser Adolf Hitler. Viele Geschichtswissenschaftler glauben heute, dass auch die hohe Arbeitslosigkeit einer der Gründe dafür war, dass ein wahnsinniger Tyrann wie Hitler überhaupt gewählt werden und danach so schrecklich viel Unheil anrichten konnte.

Im neuen Jahrtausend liegt die Arbeitslosenquote bei mehr als zehn Prozent. Stets meldet die Nürnberger Bundesagentur, dass mehr als vier Millionen Menschen eine Arbeitsstelle suchen. Zu Beginn des Jahres 2005 waren es sogar mehr als fünf Millionen Menschen. Das bedeutet, dass sich heute fast in jeder Schulklasse Kinder finden, deren Eltern ihre Arbeitsstelle verloren haben.

In Wahrheit dürfte die Zahl der Arbeitslosen aber noch viel höher liegen. Einige Wissenschaftler schätzen, dass es in Deutschland sogar über sechs Millionen Arbeitslose gibt. Viele Menschen sagen der Bundesagentur für Arbeit gar nicht, dass sie eine Arbeit suchen, weil sie sowieso nicht daran glauben, dass sie noch einmal eine Stelle finden. Vor allem ältere Menschen sind darunter und viele Mütter, die wegen ihrer Babys eine Berufs-Pause eingelegt haben und vorläufig darauf verzichten, wieder einen Job zu suchen. Diese Menschen werden auch »die stille Reserve« des Arbeitsmarktes genannt.

An der Zahl der Arbeitslosen muss sich heute jede Regierung messen lassen, ob sie will oder nicht. Es gab einmal einen Bundeskanzler, der hieß Helmut Kohl. Seine Partei war die CDU, die Christlich Demokratische Union Deutschlands. Er hatte den Wählern versprochen, die Zahl der Arbeitslosen zu halbieren. Geklappt hat das allerdings nicht. Im Jahr 1982, als Helmut Kohl sein Amt antrat, gab es im Schnitt 1,8 Millionen Arbeitslose. 16 Jahre später war ihre Zahl auf 4,3 Millionen gestiegen. Da musste der Bundeskanzler sein Amt wieder abgeben.

1998 kam ein anderer Bundeskanzler von einer anderen Partei, der SPD, der Sozialdemokratischen Partei Deutschlands. Dieser Kanzler hieß Gerhard Schröder, und ihm erging es auch nicht viel besser. Gerhard Schröder versprach, die Zahl der Arbeitslosen in vier Jahren – also bis zur nächsten Wahl – auf 3,5 Millionen zu senken. Auch das hat nicht funktioniert. Als die nächste Bundestagswahl anstand, im Jahr 2002, suchten im Schnitt vier Millionen Menschen eine Arbeitsstelle. Fast wäre Gerhard Schröder abgewählt worden. Am Ende hatte seine Partei im ganzen Land gerade mal 6000 Stimmen mehr als die andere große Partei.

Seither sind die Politiker etwas klüger geworden. Kein Bundeskanzler und keine Bundeskanzlerin würden sich heute wohl noch trauen, irgendeine Arbeitslosenzahl vorauszusagen oder zu versprechen. Sogar der Wetterbericht hat eine genauere Trefferquote, denken sich die meisten. Außerdem muss ein Kanzler zu viel Spott und Häme ertragen, wenn er sein Ziel doch nicht erreicht.

Gewiss, es gibt auch andere wirtschaftliche Sorgen als die Arbeitslosigkeit, über die sich Politiker Gedanken machen.

Wenn der Staat zu wenig Geld hat und Schulden machen muss zum Beispiel; wenn viele Dinge, die man zum Leben braucht, ganz teuer werden; wenn es zu wenig Kinder gibt oder wenn die Wälder krank sind, weil die Umwelt so schmutzig geworden ist. Aber die Arbeitslosigkeit macht den Menschen am meisten Angst. Sie ist die Mutter aller Sorgen, denn viele der anderen Probleme entstehen erst, weil Menschen ihre Arbeit verlieren.

Um zu verstehen, warum Menschen arbeitslos werden und es bleiben, kann es nicht schaden, einen Blick auf den Arbeitsmarkt zu werfen.

Fast wie auf dem Wochenmarkt: Was ist der Lohn der Arbeit?

»Saftige Orangen! Saftige Orrrrrangen! Treten Sie näher, meine Damen und Herren, kosten Sie und greifen Sie zu!« – »Frische Äpfel, gaaanz frische Äpfel, schöne Frau, das Kilo nur noch vier Euro!« – »Erdbeeren, deutsche Erdbeeren, zwei Schälchen jetzt nur noch drei Euro!« Auf dem Wochenmarkt brauchen die Verkäufer eine kräftige Stimme. Die Obsthändler bieten ihre Waren lautstark feil, und genau deshalb macht Einkaufen auf dem Markt so viel Spaß. Feilschen, handeln – und irgendwann kaufen.

Auf dem Arbeitsmarkt geht es zwar etwas leiser zu, aber um einen Markt handelt es sich auch hier. Nur wird hier nicht um Orangen oder Erdbeeren gefeilscht, sondern um Arbeitskraft. Menschen, die einen Job suchen, bieten ihre Fähigkeiten an. Der eine kann gut schrauben, die andere gut schreiben. Der eine hat eine Ausbildung als Florist, die andere ist studierte Computerspezialistin.

Die Unternehmen sind es, die Arbeit nachfragen. Und

wenn der Preis stimmt, dann wird man sich einig. Auch das ist wie auf dem Wochenmarkt.

Angebot und Nachfrage bestimmen also den Preis für die Arbeit. Wenn ein Unternehmen dringend Computerspezialisten sucht, um einen besonderen Roboter zu entwickeln, aber auf der ganzen Welt nur wenige Menschen dafür ausgebildet sind, dann wird das Unternehmen bereit sein, ein hohes Einkommen anzubieten. Schließlich ist das Angebot an Arbeitskräften gering.

Wenn es aber Millionen von Roboter-Experten gibt, das Angebot an Arbeit und Arbeitskräften also groß ist, dann muss das Unternehmen nicht besonders tief in die Tasche greifen. Die Roboter-Experten würden den gleichen Job auch für weniger Geld annehmen. Hauptsache, sie bekommen Arbeit. Angebot und Nachfrage sind also dafür verantwortlich, dass die Menschen unterschiedlich viel verdienen.

Der Preis für die Arbeitskraft trägt einen besonderen Namen: Meistens nennt man ihn den Lohn. Einen Lohn erhalten die Arbeiter, die in Fabriken etwas herstellen. Berufstätige, die hauptsächlich am Schreibtisch sitzen, nennt man oft Angestellte und ihr monatliches Einkommen heißt Gehalt. Der Einfachheit halber bleiben wir aber bei der Bezeichnung »Lohn«.

Beim Lohn unterscheidet man zwischen brutto und netto. Normalerweise vereinbart ein Mitarbeiter mit seinem Chef einen Bruttolohn, der in den Arbeitsvertrag geschrieben wird. Was da im Vertrag steht, ist aber längst nicht die Geldsumme, die der Mitarbeiter auch auf seinem Konto wiederfindet. Tatsächlich ausgezahlt wird viel weniger, nämlich nur der Nettoverdienst.

Schuld daran ist der Staat. Er nimmt vom Bruttolohn etwas weg: Zum einen werden Steuern abgezogen, zum anderen die Beiträge für Renten-, Kranken- oder Arbeitslosenversicherung (siehe »Sicherheitsnetz für alle: Wofür ist die Sozialversicherung da?«). Netto hat also wenig mit »nett« zu tun, im Gegenteil. Das Wort stammt aus dem Italienischen und bedeutet »nach Abzug der Unkosten«. Brutto dagegen steht für »ohne Abzug der Unkosten«.

Der Sonderling:
Wieso ist auf dem Arbeitsmarkt
alles etwas anders?

Hat schon einmal jemand nach dem »gerechten Preis« einer Erdbeere gefragt? Hat sich schon mal irgendwer gefragt, ob eine Orange ihren Preis »verdient«? Oder sich den Preis einer Kartoffel so richtig zu Herzen genommen?

Bestimmt nicht. Wenn die Markthändler das Gut Obst verkaufen, geht es normalerweise nur um Geld. Beim Gut Arbeit ist das anders. Der Arbeitsmarkt ist ein Sonderling, der sich von allen anderen Märkten unterscheidet. Denn die Arbeitskraft ist untrennbar mit dem Menschen verbunden. Im Gegensatz zu Orangen oder Erdbeeren kann man einen Menschen natürlich nicht kaufen, sondern nur seine Leistungen und sein Wissen. Aber weil es immer auch um den Menschen geht, dreht es sich auf dem Arbeitsmarkt nicht nur um den richtigen Preis, den Lohn, sondern um viel mehr. Es geht um Werte, es geht um Schutz und es geht immer auch um Gerechtigkeit.

Arbeit ist schließlich wichtig. Mit ihrem Lohn müssen die Menschen ihr Leben finanzieren: Kleidung, Nahrung, eine Wohnung oder ein Haus für sich und ihre Familien.

Menschen, die ihre Arbeitskraft anbieten, wollen viel mehr als nur ein Einkommen. Sie wünschen sich eine Aufgabe, die ihnen Spaß macht. Ihre Arbeit sei ihr »Lebensinhalt«, erzählen viele Menschen. Andere sagen: »Meine Arbeit füllt mich aus«, und meinen damit, dass sie glücklich sind. Und weil der

Markt für Arbeit so anders als andere ist, herrschen hier besondere Regeln. Sie sollen die Menschen schützen.

Zwischen den Beschäftigen und ihren Chefs gibt es nämlich seit jeher ein Problem: Die Arbeitnehmer freuen sich über möglichst hohe Löhne, damit sie möglichst viel Geld zum Leben haben. Wer gut verdient, fühlt sich gut behandelt und strengt sich bei der Arbeit besonders an.

Die Arbeitgeber dagegen wollen lieber nicht so viel Geld ausgeben. Das Geld, das sie für Löhne ausgeben, fehlt ihnen vielleicht für neue Maschinen oder eine neue Fabrikhalle. Löhne bedeuten für einen Firmenchef Kosten. Sie schmälern den Gewinn eines Unternehmens.

Der eine will möglichst viel bekommen, der andere möglichst wenig bezahlen. Logisch, dass es manchmal ganz schön schwierig ist, sich mit seinem Chef über den richtigen Lohn zu einigen.

Um gemeinsam stärker zu sein und sich besser durchsetzen zu können, haben sich sowohl die Beschäftigten als auch ihre Chefs zu großen Vereinigungen zusammengeschlossen. Die Arbeitnehmer haben Gewerkschaften gegründet (siehe »Wenn dein starker Arm es will: Was machen eigentlich Gewerkschaften?«); die Firmenchefs wiederum lassen sich von ihren Arbeitgeberverbänden vertreten. Und die Gewerkschaften und die Arbeitgeberverbände verhandeln heute stellvertretend für Beschäftigte und Bosse über die Löhne. Deshalb gibt es auf dem Arbeitsmarkt nicht unzählig viele Käufer und Verkäufer von Arbeitskraft, sondern nur wenige: die Gewerkschaften und die Arbeitgeberverbände.

Sie übernehmen das Streiten für die Beschäftigten und deren Chefs. Normalerweise dauert es einmal im Jahr ein paar Wochen, dann einigen sich Gewerkschaften und Arbeitgeberverbände auf höhere Löhne für die Beschäftigten. Das Papier, das sie dazu unterschreiben, nennt man den Tarifvertrag (siehe »Tricksen, tarnen, täuschen: Was passiert bei einer Tarifverhandlung?«). Zunächst klingt das ziemlich praktisch.

Der Tarifvertrag hat aber auch ein paar Nachteile, weil er so anders ist als der normale Wochenmarkt.

Wenn der Markttag sich dem Ende neigt, klappen die Obsthändler ihre Stände zusammen und möchten heimwärts fahren. Dann wollen sie auch die letzten Erdbeeren loswerden. Morgen sind die Früchte schon nicht mehr so frisch und ließen sie sich ohnehin nicht mehr so gut verkaufen. Zwar sind noch ein paar Kunden mit ihren Einkaufskörben unterwegs, aber die scheinen sich für Erdbeeren nicht zu interessieren. Ein klarer Fall: Auf dem Markt herrscht ein Überangebot an Erdbeeren.

Was wird ein pfiffiger Obsthändler tun? Er wird den Preis für seine Erdbeeren senken. Nicht mehr zwei Euro fordert er nun für das Schälchen, sondern nur noch anderthalb Euro. Und wenn die Kunden dann immer noch keine Lust auf Erdbeeren bekommen, dann kann er das Schälchen immer noch für einen Euro anbieten. Dann kaufen die Marktbesucher gewiss auch die letzten Erdbeeren, und unser Obsthändler kann beseelt nach Hause fahren – mit einem leeren Wagen und einem prall gefüllten Portemonnaie.

Hätte der Obsthändler die Preise allerdings nicht gesenkt, dann wäre er seine Erdbeeren wohl kaum losgeworden. Preise müssen also beweglich sein, damit Angebot und Nachfrage sich ausgleichen können. Das ist auf dem Markt für Erdbeeren nicht anders als auf dem Markt für Arbeit.

Auf dem Arbeitsmarkt allerdings können sich die Preise nicht in alle Richtungen bewegen. Sie können zwar steigen, nicht aber sinken.

Das liegt am Tariflohn, den Gewerkschaften und Arbeitgeber miteinander für alle Beschäftigten aushandeln. Er wirkt wie eine Grenze nach unten. Weniger als den Tariflohn darf ein Chef seinen Beschäftigten nämlich nur in Ausnahmefällen zahlen.

Für die Arbeitnehmer scheint das auf den ersten Blick auch sinnvoll. Schließlich müssen sie für ihre Familie sorgen und ihre Wohnung und ihr Auto bezahlen. Würde ihr Lohn sinken, dann müssten sie vielleicht umziehen oder ihr Auto verkaufen. Und kaum jemand würde sich noch an eine teure Anschaffung wagen.

Auf der anderen Seite bedeutet eine Lohngrenze nach unten allerdings auch, dass ein Firmenchef manchmal nicht genug Geld hat, um einen neuen Mitarbeiter einzustellen, obwohl er es gern würde und obwohl es genug Menschen gibt, die auch für einen geringen Lohn arbeiten würden. Aber er darf nun einmal nicht weniger als den Tariflohn bezahlen.

Der Tarifvertrag ist nur eine von vielen Regeln auf dem Arbeitsmarkt, die geschaffen wurden, um die Beschäftigten zu schützen. Einige Vorschriften legen fest, wie viel Urlaub die Menschen in jedem Jahr machen dürfen, wie ein gesunder Schreibtischstuhl aussehen muss oder wie viele Stunden am Tag man arbeiten darf. Andere regeln, dass Bauarbeiter Schutzschuhe tragen müssen und der Chef auch dann einen Lohn zahlen muss, wenn sein Mitarbeiter mit einer Grippe zu Hause im Bett liegt. Dann wiederum gibt es Regeln wie den Kündigungsschutz, der genau festlegt, wie, wann und welchem Mitarbeiter ein Firmenchef eine Kündigung schicken darf. Nach Gutdünken kann ein Chef seine Mitarbeiter nicht vor die Tür setzen.

Insgesamt haben Politiker und Beamte Tausende von Schutzvorschriften für den Arbeitsmarkt geschaffen – von A wie Arbeitsstättenverordnung bis Z wie Zeitarbeitsgesetz. Zu Beginn des neuen Jahrtausends gab es sogar noch Gesetze darüber, wie viele Papierkörbe in jedem Büroraum stehen sollen (mindestens einer) und wie warm es auf dem Firmenklo sein muss (21 Grad).

Die Politiker geraten heute oft in Streit darüber, wie viele Schutzvorschriften für den Arbeitsmarkt überhaupt gut und sinnvoll sind. Viele Wissenschaftler glauben inzwischen, dass es zu viele Regeln gäbe. Sie fürchten, dass viele Unternehmen gar keine Zeit mehr dafür hätten, neue Mitarbeiter einzustellen, weil sie dazu erst unzählige Gesetze lesen und noch viel mehr Anträge ausfüllen müssten. Auch die meisten Firmenchefs sagen das.

Wie immer in der Politik gibt es aber auch genauso viele Fachleute, die das Gegenteil behaupten. Sie sagen, dass Schutzvorschriften wichtig seien – vor allem dann, wenn die Zahl der Arbeitslosen hoch sei. Denn wenn die Menschen Angst um ihre Arbeitsplätze hätten, könnten sie leichter ausgebeutet werden.

Die Politiker zanken viel über den Arbeitsmarkt. Schließlich wollen sie, dass es viele neue Jobs gibt und die Zahl der Arbeitslosen sinkt, damit sie pünktlich bei der nächsten Wahl wiedergewählt werden.

Ein Rennfahrer für 1867 Krankenschwestern: Gibt es den gerechten Lohn?

Maya hat sich eine Kanne Tee gekocht und es sich mit der Zeitung auf dem Sofa gemütlich gemacht. Heute ist Samstag, da ist der Stadtanzeiger randvoll mit Stellenanzeigen. Beim Blick auf die Titelseite allerdings fällt Maya der Teelöffel aus der Hand. Das ist doch ... unfassbar! In großen Lettern steht da geschrieben: »Formel-1-Pilot Michael Schumacher verdient 50 Millionen Euro im Jahr.« 38 Millionen zahlt Schumachers Rennstall, der Rest kommt über Werbung rein.

50 Millionen Euro! In einem Jahr! Maya schnauft. So viel Geld kann sie sich gar nicht auf einem Haufen vorstellen. Und überhaupt: So viel Geld nur dafür, jedes zweite Wochenende im Kreis zu fahren? Pfff! Mayas beste Freundin Melanie arbeitet als Krankenschwester und verdient gerade

mal 30 000 Euro brutto im Jahr. Und dabei findet es Maya viel sinnvoller, kranken Menschen zu helfen als Autorennen zu fahren.

Wie kommt es dann aber, dass Michael Schumacher so viel verdient wie Melanie und 1866 andere Krankenschwestern zusammen? Ist das einfach nur unfair? Oder kann das auch gerecht sein?

Viele kluge Professoren, die den ganzen Tag nachdenken und über komplizierten Formeln brüten, sagen: »Na ja, vielleicht sieht das nicht ganz fair aus, und wir können auch ein wenig verstehen, dass diese Einkommensunterschiede Maya und Schwester Melanie ziemlich wütend machen; aber die 50 Millionen Euro sind nun einmal der Preis, den der Markt über Angebot und Nachfrage bestimmt hat.« Allein deshalb sei ein Preis immer gerecht. Und die Nachfrage nach den Leistungen von Michael Schumacher müsse wohl riesig groß sein, daher der hohe Preis. Schließlich sollten Einkommen keine Grenze nach oben oder nach unten haben, sagen die Wissenschaftler.

Es gibt eine Menge Erklärungen dafür, wie sich der Preis für Arbeit auf dem Markt bildet. Manche klingen logisch, andere etwas schräg: Wer vier Jahre lang studiert hat, verdient normalerweise mehr als jemand, der für seinen Job in vier Wochen angelernt wurde. Wer nachts oder am Wochenende schuften muss, wird zum Ausgleich besser bezahlt als sein Kollege, der nur tagsüber von montags bis freitags arbeitet. Wer eine besondere Begabung hat, kann für seine Arbeit mehr Geld verlangen als ein Kollege mit bescheideneren Talenten. Viele Frauen bekommen für den gleichen Job weniger Lohn als ihre männlichen Kollegen. Und es gibt sogar Wissenschaftler, die bewiesen haben wollen, dass schöne Menschen mehr verdienen als hässliche und große mehr als kleine.

Michael Schumachers Lohn dürfte zuerst einmal etwas mit Begabungen zu tun haben. Tatsächlich gibt es wohl nur wenige Menschen, die so viel Talent und Mut als Rennfahrer haben wie Schumacher. Nur wenige Menschen könnten viele Male hintereinander den Weltmeistertitel in der Formel 1 gewinnen – viel, viel weniger Menschen, als es ausgebildete Krankenschwestern gibt.

Vor allem aber verdient Michael Schumacher besonders viel Geld, weil sein Beruf so gefährlich ist – viel, viel gefährlicher als der von Schwester Melanie. Jeden Tag, wenn er in seinen Formel-1-Wagen steigt, muss er Angst haben, sein Leben zu verlieren. Ein Unfall auf der Rennstrecke kann tödlich sein. Dieses Risiko lässt Michael Schumacher sich von seinem Rennstall mit 38 Millionen Euro bezahlen. Das hat er mit seinem Arbeitgeber so ausgemacht.

Schwester Melanie wird nach einem Standard-Lohn bezahlt, den die Gewerkschaft für sie ausgehandelt hat. Michael Schumacher aber braucht keine Gewerkschaft, sondern einen Manager, der ihm beim Verhandeln hilft. Jeder Rennfahrer muss natürlich selbst wissen, wie viel Geld er dafür verlangt, jeden Tag mit dem Leben zu spielen. Vor allem aber sind Weltklasse-Rennfahrer bei den Rennställen begehrt und haben daher viel Macht – anders als Krankenschwestern.

Bleibt also die Frage, ob es auch aus Sicht des Auto-Rennstalls fair ist, jedes Jahr so viele Millionen an Schumacher zu überweisen – auch wenn Autorennen gefährlich sind.

Michael Schumacher macht durch jeden Sieg seinen Arbeitgeber, den Autohersteller Ferrari, ein bisschen bekannter. Der bekommt dann neue Aufträge und neue Kunden. Schumachers Rennstall verdient letztlich viel, viel mehr Geld mit seinem Star, als er überhaupt an Schumacher zahlt. Deshalb hat der Ferrari-Chef Luca di Montezemolo, der allein im Jahr 2003 rund 38 Millionen Euro auf Schumis Konto überwiesen hatte, einmal gesagt: »Michael ist jeden Cent wert, den wir investieren. Er zahlt uns das Geld mit Siegen zurück.« Und das klingt doch fair, oder?

Die anderen zwölf Millionen Euro, die jetzt noch zu Schumachers Einkommen von 50 Millionen Euro fehlen, verdient der Rennfahrer über Werbeverträge. Jedes Jahr bezahlen große Firmen Millionen Euro dafür, dass sie ihren Schriftzug auf Schumachers Rennanzug oder seinem Auto anbringen dürfen. Und wenn Schumacher nur lange genug im Fernsehbild zu sehen ist, dann sind es auch die Unternehmen mit ihrer Werbung. Das ist ihnen viel Geld wert, schalten doch jedes Mal Millionen Fernsehzuschauer ein, wenn Michael Schumacher auf der Formel-1-Strecke seine Runden dreht.

Vielleicht gibt es sogar Testfahrer für große Automobilunternehmen wie Volkswagen oder DaimlerChrysler, die ihr Auto genauso gut und schnell lenken können wie Michael Schumacher. Sie kennt allerdings niemand. Weil die Leistung von Michael Schumacher dagegen ständig im Fernsehen zu beobachten ist, trifft sie auf eine nahezu unbegrenzte Nachfrage. Genau das zeichnet Superstars aus. Und Superstars kassieren Superlöhne.

Wenn Krankenschwester Melanie dagegen ihre Schicht in der Klinik beginnt, dann dürfte das allenfalls die Patienten auf der Station interessieren. Ihre Arbeit bemerken nicht so viele Menschen, und im Fernsehen taucht Schwester Melanie überhaupt nie auf. Schon deshalb dürfte es ihr schwer fallen, einen Sponsor für ihre Arbeit im Krankenhaus zu finden. Schwester Melanies Aufgabe ist deshalb nicht weniger wertvoll als die Michael Schumachers. Allerdings ist ihr Marktwert geringer.

Gewiss wird sich die Krankenschwester darüber ärgern. Michael Schumacher kann allerdings nichts dafür. Würden die Menschen sich mehr für Krankenpflege als für die Formel 1 interessieren, dann würde Schwester Melanie sicher mehr verdienen. Vielleicht könnte sie sogar ein Millioneneinkommen kassieren, wenn sie es schaffen würde, der Star einer Reality-Soap aus dem Krankenhaus zu werden. So etwas wie: »Schwester Melanie – der Engel im OP« oder »Auf alle Fälle Melanie«. Dann würden sich plötzlich viele Menschen für ihre Arbeit begeistern. Und je höher die Anerkennung und das Interesse der Menschen, desto höher ist meist auch das Einkommen.

Die Arbeit eines Formel-1-Rennfahrers, über die das Fernsehen ständig berichtet, scheint den Menschen derzeit allerdings mehr zu bedeuten als die einer normalen Krankenschwester. Das Ergebnis kommt uns nicht immer fair vor. Der Markt, auf dem diese Preise sich bilden, kann allerdings nichts dafür. Letztlich spiegelt er nur das wieder was den Menschen wichtig ist und was nicht. Und deshalb verdient Michael Schumacher so viel wie 1867 Krankenschwestern.

Im Bann der Sterne:
Welche Ursachen hat die Arbeitslosigkeit?

Noch vor dreihundert Jahren glaubten die Menschen an die Macht der Gestirne über unser Leben. Sogar auf den Handel, fürchteten die Kaufleute, könnten die Sterne Einfluss nehmen.

Deshalb beobachteten sie den Himmel über sich ganz genau. Wenn mehrere Sterne eines Tierkreiszeichens in einem bestimmten Winkel zueinander standen, dann nannte man das eine »Verbindung« oder, im mittelalterlichen Latein, eine »coniunctura«. Jede Verbindung, so glaubte man, werde das Schicksal der Menschen beeinflussen.

Bald übernahmen die Kaufleute dieses Bild. Der Begriff Konjunktur wurde für sie zum geflügelten Wort für eine gute Geschäftslage. Und er ist es geblieben.

Noch heute reden die Wissenschaftler von der Konjunktur, wenn sie die Wirtschaftslage meinen. Vor allem diese Wirtschaftslage ist es, die für die Höhe der Arbeitslosigkeit verantwortlich ist.

Es gehört zu den Gesetzen der Wirtschaft, dass es mal aufwärts und mal abwärts geht – und zwar für so gut wie alle Unternehmen. Diesen Kreislauf, der sich alle paar Jahre wiederholt, nennen Fachleute den »Konjunkturzyklus«.

Und so funktioniert er: Am Anfang steht der Aufschwung. Die Unternehmer im Lande sind guter Stimmung und beim Blick in die prall gefüllten Auftragsbücher steigt ihre Laune weiter. Sie suchen neue Mitarbeiter, um alle Anfragen und Aufträge abarbeiten zu können. Die Menschen haben Arbeit, es gibt nur wenige Arbeitslose.

Dann kommt der Boom. Die Wirtschaft brummt, die Maschinen laufen Tag und Nacht, die Menschen arbeiten viel und die Leute kaufen wie verrückt. Die Arbeitslosigkeit ist sehr niedrig. Ganz langsam jedoch beginnt sich die Stimmung in der Wirtschaft wieder zu ändern. Einige Firmenchefs und Manager denken schon jetzt, dass es so gut nicht ewig weitergehen wird. Der Markt ist also bald gesättigt. Die Firmenchefs verhalten sich deshalb vorsichtiger und stellen nur noch wenige neue Mitarbeiter ein.

Wenn die Stimmung schlechter geworden ist, naht der Abschwung. Die Leute sparen ihr Geld lieber und geben weniger aus, die Aufträge für die Firmen gehen zurück. Und weil in den Unternehmen immer weniger zu tun ist, müssen die Firmen irgendwann auch Mitarbeiter entlassen. Die Arbeitslosigkeit steigt.

Jenen Punkt im Konjunkturzyklus, an dem die Wirtschaft völlig am Boden liegt, nennt man Flaute. Wenn es ganz schlecht läuft, erreicht die Arbeitslosenzahl einen neuen Rekord.

Die Arbeitslosigkeit, die durch diesen Wirtschaftskreislauf entsteht, nennt man die konjunkturelle Arbeitslosigkeit. Lange Zeit dachten die Forscher, dass dies die Hauptursache der Arbeitslosigkeit sei: Geht es der Wirtschaft schlecht, dann gibt es viele Arbeitslose. Geht es der Wirtschaft gut, dann werden viele Arbeitslose eingestellt, und alles wird wieder gut. So weit die Theorie.

In Deutschland funktioniert dieser Kreislauf allerdings seit Jahren nicht mehr. Diejenigen, die im Abschwung ihren Job verlieren, finden im Aufschwung keinen neuen. Ein Teil dieser Menschen ist also arbeitslos geblieben, auch wenn es der Wirtschaft wieder richtig gut ging und die Unternehmen längst wieder viel Geld verdienten. Und weil ständig neue Arbeitslose hinzukommen, wächst dieser »Sockel« höher und höher.

Dann kann sogar etwas ganz Seltsames passieren: Es gibt gleichzeitig ganz viele Menschen, die eine Arbeitsstelle suchen, aber ebenso viele Unternehmen, die händeringend neue Mitarbeiter suchen und keinen passenden finden. Neben dem Wirtschaftszyklus gibt es also noch einen anderen Grund für die Arbeitslosigkeit: Die Arbeitslosen passen einfach nicht zu den offenen Stellen und die offenen Stellen nicht zu den Arbeitslosen. Auch wenn die Wirtschaft also richtig brummt und die Unternehmen gut verdienen, gibt es viele Arbeitslose. Die Wissenschaftler, die gerne Fremdwörter benutzen, sprechen dann etwas verschwurbelt von der »strukturellen Arbeitslosigkeit«.

So verlässt ein Familienvater aus München wahrscheinlich nicht gern seine Frau und seine Kinder, um einen Job in Flensburg anzunehmen. Eine Bäckergesellin hat wenig Chancen, wenn ein Unternehmen einen Internet-Profi sucht, der Webseiten bauen soll. Und ein ausgebildeter Wasserbetten-Probelieger könnte sich kaum noch Berufsaussichten ausrechnen, gäbe es keine Wasserbetten mehr.

Die Wirtschaftswelt entwickelt sich ständig weiter. Viele Menschen können sich nicht schnell genug darauf einstellen und kurzfristig etwas Neues lernen. Das ist heute das Schicksal der meisten Arbeitslosen. Bei vielen Reformen, die heute diskutiert werden, geht es deshalb darum, die Menschen anzuspornen, veränderungsfreudig und beweglich zu sein (siehe »Arbeit für alle: Ist Vollbeschäftigung möglich?«).

Menschen und Maschinen:
Vernichtet der Fortschritt Arbeitsplätze?

Es geschah vor fast einhundert Jahren, dass sich die Arbeitswelt auf einen Schlag änderte. Im Jahr 1908 führte ein gewisser Henry Ford, ein Automobilhersteller aus Detroit in den Vereinigten Staaten von Amerika, in seiner Fabrik eine funkelnagelneue Erfindung ein: das Fließband.

Diese Maschine war ein kleines Wunder. Plötzlich ließ ein Band die Werkstücke wie von Zauberhand an den Arbeitern vorbeirollen. Die Menschen mussten fortan nicht mehr mühsam mit ihrem Werkzeug von Autoteil zu Autoteil laufen. Nun schraubte ein Arbeiter nicht mehr ein ganzes Auto alleine zusammen, sondern konzentrierte sich auf wenige Handgriffe. Das sparte viel Zeit, weil die Routine die Beschäftigten immer schneller arbeiten ließ. Sie mussten sich nicht mehr ständig auf neue Arbeitsschritte einstellen.

Fords Erfolg war bahnbrechend: Bislang hatte es über zwölf Stunden gedauert, einen Wagen zusammenzuschrauben. Jetzt verkürzte sich die Zeit auf nur noch anderthalb Stunden. Deshalb konnte Ford in seinen Fabriken viel mehr Autos als zuvor bauen. Und weil er so viele Autos herstellte, konnte er jedes einzelne günstiger verkaufen. Der Preis für das Modell T sank von 850 auf 370 Dollar. Viele Menschen, für die ein Auto bisher unerschwinglich gewesen war, konnten sich die »Tin Lizzy« leisten. Bis 1925 wurde die »Blechliesel« 15 Millionen Mal verkauft. Damals war sie das beliebteste Fahrzeug der Welt. Und Henry Ford sonnte sich im Erfolg seiner Idee: Maschinen und technische Neuerungen wie das Fließband sollten den Menschen mit seiner begrenzten Arbeitskraft unterstützen.

Noch heute beherzigen die Unternehmer die Idee des Henry Ford. Ein paar Jahrzehnte nach dem Fließband wurde der Computer erfunden; Maschinen und Roboter sind heute in den meisten Unternehmen so selbstverständlich wie die Kaffeepause. Wird menschliche Arbeitskraft durch Maschinen ersetzt, so sprechen Unternehmer, Politiker und Wissenschaftler von der »Rationalisierung«. Aber nicht immer sind die Menschen davon begeistert.

Die Rationalisierung bedeutet Licht und Schatten. Auf der einen Seite hilft sie den Unternehmen, ihre Güter schnell und günstig herstellen und damit mehr davon verkaufen zu können. Und manchmal ist es für den Menschen sogar angenehm, wenn eine Maschine ihm schwere oder gefährliche körperliche Arbeiten abnimmt. Für Bergleute zum Beispiel, die früher tief unter der Erde mit Hammer und Spaten nach Kohle graben mussten, waren mechanische Riesenbohrer und Stützpfeiler eine großartige Verbesserung.

Auf der anderen Seite können Maschinen die Arbeit von Menschen überflüssig machen. Drehstühle für Büros werden heute in einigen großen Fabriken von Robotern zusammengebaut und verschickt, ohne dass ein Mensch auch nur eine Schraube berührt hätte. Nur ein paar einsame Computer-Experten gibt es noch, die hinter einer Glasscheibe stehen und die Technik vom Schaltpult aus überwachen.

Ganze Berufe sind durch den technischen Fortschritt verschwunden. Zum Beispiel der Bleisetzer. Vor ein paar Jahrzehnten noch war er unersetzlich, wenn eine Zeitung oder ein Buch gedruckt werden musste. Sein Job war es, aus Blei Wörter und Sätze zu formen, die schließlich mit Druckerfarbe geschwärzt und auf Papier gepresst wurden. Doch der ständige Umgang mit Blei galt als gefährlich. Bleisetzer waren oft krank und manchen hat die Arbeit sogar das Leben gekostet. Auch das war ein Grund, sich nach neuen Techniken umzusehen.

In den achtziger Jahren des vergangenen Jahrhunderts eroberte eine neue Technik die Welt der Drucker: Texte wurden auf eine Walze übertragen, die mit einem Gummituch bespannt war, und dann auf Papier gepresst. Heute haben

Maschinen die Herstellung von Zeitungen und Büchern fast völlig übernommen. Und weil der Satz für den Druck heute meist am Computer gemacht wird, hat der Bleisetzer ausgedient.

Rationalisierung begegnet uns überall im Leben. Wer einen Fahrschein für die Straßenbahn kaufen will, fragt nicht mehr den Schaffner, sondern wirft seine Münzen in den Fahrkarten-Automaten. Wer beim Bäcker Brötchen holt, kann ziemlich sicher sein, dass nicht der Lehrling den Teig geknetet hat, sondern eine Maschine. Und wer sich im Hotel von der Rezeption wecken lassen will, hört am Telefon nur noch selten die freundliche Empfangsdame »Guten Morgen« sagen. Meistens meldet sich eine Computerstimme, die ein bisschen weniger freundlich klingt.

Kein Wunder, dass die Rationalisierung auch gefürchtet ist. Das Neue löst Angst aus. Im Nachhinein können wir manchmal darüber lachen. Als im 19. Jahrhundert die Eisenbahn erfunden wurde, hielten einige Menschen das dampfende Ungetüm für gesundheitsschädlich. Dazu schrieb im Jahr 1838 das Bayerische Obermedizinalkollegium, eine Versammlung bekannter Ärzte: »Die schnelle Bewegung muss bei den Reisenden unfehlbar eine Gehirnkrankheit, eine besondere Art des delirium furiosum erzeugen.« Und nicht genug: »Wollen aber dennoch Reisende dieser grässlichen Gefahr trotzen, so muss der Staat wenigstens die Zuschauer schützen, denn sonst verfallen diese beim Anblick des schnell dahinfahrenden Dampfwagens genau derselben Gehirnkrankheit.«

Die erste Angst vor dem Unbekannten ist menschlich. Als die Unternehmen in den achtziger Jahren des vergangenen Jahrhunderts immer mehr Computer in den Büros aufstellten, warnten die Gewerkschaften, die Arbeit am Monitor könne Krankheiten auslösen. Und wahrscheinlich haben sich die Menschen sogar schon in der Steinzeit und in der

Antike über die allerersten Erfindungen erregt – über das Beil, das Rad oder den Pflug.

Bis heute streiten die Wirtschaftswissenschaftler darüber: Ist der technische Fortschritt ein Fluch oder ein Segen?

Um die Frage zu beantworten, lohnt der Blick in eine kleine Kerzenfabrik. Zehn Mitarbeiter ziehen hier tagein, tagaus Kerzen aus Wachs. Eines Tages kauft der Chef eine neue Maschine, die pro Tag so viele Kerzen herstellen kann wie alle Mitarbeiter zusammen. Und weil die Maschine nur ein bisschen Schmiermittel und alle paar Wochen eine kleine Inspektion braucht, ist sie auf lange Sicht günstiger als alle zehn Mitarbeiter.

Der Chef wird also wahrscheinlich alle Mitarbeiter entlassen, bis auf einen vielleicht, der dafür sorgen soll, dass die Maschine gut in Schuss bleibt. Oder etwa nicht?

Klingt zwar ziemlich logisch, ist aber zu kurz gedacht. Wenn die Maschine nämlich so günstig Kerzen herstellt, dann werden auch die Kerzen billiger. Die Kerzenfabrik mit der Maschine kann ihre Preise senken und hat jetzt einen Vorteil gegenüber anderen Kerzenfirmen. Viele Menschen, denen handgezogene Kerzen bisher zu teuer waren, werden jetzt ein paar bei der Fabrik mit der Maschine kaufen. Andere Kunden wiederum, die dort immer schon Kerzen gekauft haben, werden sich jetzt ein paar mehr als gewöhnlich gönnen. Die Nachfrage steigt. Und um allen Kunden tatsächlichen Kerzen liefern zu können, braucht der Chef der Fabrik seine Mitarbeiter.

Und noch etwas anderes kommt hinzu: Hat ein Arbeiter der Kerzenfabrik ohne Maschine vielleicht hundert Kerzen am Tag hergestellt, so schafft er mit der Maschine plötzlich 1000 Kerzen. Er kann pro Tag also viel mehr produzieren als zuvor. Die Experten reden dann davon, dass sich seine »Produktivität« erhöht hat. Und weil seine Angestellten jetzt viel mehr produzieren, kann ihr Chef sich jetzt auch die Löhne seiner Mitarbeiter problemlos leisten. Er kann sie sogar etwas erhöhen.

Die Maschine schafft also Wohlstand. Weil die Preise für Kerzen sinken, haben die Kunden mehr Geld übrig. Und weil die Mitarbeiter mehr Kerzen als vorher herstellen und daher besser bezahlt werden, haben auch sie mehr Geld. Vielleicht gönnen sie sich jetzt einen DVD-Player.

Steigt die Nachfrage nach DVD-Playern, dann müssen die Hersteller und die Elektro-Fachhändler neue Mitarbeiter einstellen. Und sollte es entlassene Mitarbeiter aus der Kerzenfabrik geben, dann wären sie besonders schlau, wenn sie sich um eine Stelle in der Fabrik für DVD-Player oder im Elektrofachhandel bewerben würden.

Hier aber liegt das größte Problem des technischen Fortschritts. Einige DVD-Player-Hersteller oder Elektro-Geschäfte gewinnen, andere, die Kerzenzieher verlieren. Einige Berufe macht der technische Fortschritt zu Gewinnern, andere zu Verlierern. Deshalb müssen sich die Menschen ändern. Sie müssen neue Berufe erlernen, den Arbeitsplatz wechseln, vielleicht sogar den Wohnort, um einen neuen Job zu finden. Wer sich für den technischen Fortschritt wappnen will, muss beweglich sein, immer wieder etwas Neues lernen, ein Leben lang. Genau das fällt aber vielen Menschen schwer.

Vielleicht fallen in der Kerzenfabrik ein paar Arbeitsplätze weg. Bei den DVD-Player-Herstellern entstehen aber neue. Wenn man zusammenrechnet, wie viele Menschen ihren Job verloren und wie viele einen neuen gefunden haben, dann könnte dabei am Ende null herauskommen – oder vielleicht sogar ein Plus.

Die Wirklichkeit hat aber gezeigt, dass es meist die einfachen Tätigkeiten sind, die leicht von Maschinen übernommen werden können und dann wegfallen – so wie das Kerzenziehen. Die Berufe aber, die neu entstehen, sind oft sehr viel anspruchsvoller – so wie die Entwicklung einer Maschine zum Kerzenziehen oder die Herstellung von DVD-Playern. Manche Menschen können sich daher gar nicht schnell genug auf einen neuen Beruf umstellen, weil ihre Ausbildung dazu nicht ausreicht. Sie werden zwangsläufig zu den Verlierern der Rationalisierung gehören. Je anspruchsvoller aber der Beruf, den man gelernt hat, desto geringer das Risiko, eines Tages von einem Computer ersetzt zu werden.

Viele Wirtschaftsexperten hoffen sogar, dass der technische Fortschritt in ganz neuen Unternehmen in der Zukunft viele neue Jobs entstehen lassen wird. Beispielsweise wenn es darum geht, das Erbmaterial von Pflanzen, Tieren und Menschen zu entschlüsseln. Oder wenn es um die Pflege von Menschen geht, die Hilfe dringend nötig haben. Oder schlicht im Internet-Bereich selbst. Es werden vor allem viele anspruchsvolle Jobs sein, die entstehen werden (siehe »Die Globalisierung: Wandern die Arbeitsplätze in andere Länder aus?«).

Ob das aber ausreicht, um alle Menschen mit Arbeit zu versorgen, ob also der technische Fortschritt in der Summe Arbeitsplätze schafft oder vernichtet – diese Frage ist noch immer nicht entschieden.

Einer für alle, alle für einen: Was soll der Streit um die Arbeitszeiten?

Bei Robin Hood war die Sache noch ganz einfach: Der Rächer aus dem Wald von Sherwood nahm den Reichen ihre Habseligkeiten und gab sie den Armen. Und wenn die Grafen und edlen Rittersleute nicht freiwillig den Geldbeutel öffneten, dann griffen Robin Hood und seine Mannen zu Pfeil und Bogen, um sie zu zwingen. Hätte man Robin Hood gefragt, wie sich genügend Arbeitsplätze für alle schaffen ließen – er hätte kurz nachgedacht, seine Strumpfhosen zurechtgezupft und gesagt: »Nun, es ist doch ganz einfach: Diejenigen, die

Arbeit haben, müssen jenen, die keine Arbeit haben, welche abgeben.« Und das klingt ja auch ziemlich logisch.

Es sind ein paar Jahrhunderte vergangen, seit Robin Hood der Legende nach in England für Gerechtigkeit sorgte. Heute behaupten vor allem die Gewerkschaften von sich, die Menschen zu vertreten und für Gerechtigkeit zu sorgen. Auch wenn sie dafür nicht zu Pfeil und Bogen greifen ...

Aber ein bisschen klingt es nach Robin Hood, wenn sie heute vorschlagen, wer gut verdiene, der solle verzichten, um denen, die keine Arbeit haben, etwas abzugeben. Jeder Arbeitnehmer, so haben es sich die Gewerkschaften gedacht, solle sich überlegen, ob er sich vorstellen könne, weniger zu arbeiten und auf einen Teil seines Einkommen zu verzichten. Kürzere Arbeitszeiten für alle, dann könnten auch jene Menschen, die bisher keine Arbeit haben, endlich Geld verdienen. Wenn den Menschen die Arbeit ausgeht – warum sollte die Arbeit, die vorhanden ist, nicht einfach auf mehr Köpfe verteilt werden?

Seit fast 200 Jahren streiten die Menschen darüber, ob es nicht klüger wäre, die Arbeitszeit zu verkürzen. Allerdings ging es früher nicht darum, neue Stellen für die Arbeitslosen zu schaffen, sondern darum, die Gesundheit der Menschen zu schützen. Schließlich schufteten die Arbeiter einst von früh bis spät in den Fabriken, manchmal 16 Stunden am Tag, sogar am Wochenende. In einer Woche kamen schnell 80 Stunden oder sogar mehr zusammen.

Erst vor ungefähr hundert Jahren führten in Deutschland die ersten Fabrikbesitzer den Acht-Stunden-Tag ein. So lange hatte es gedauert, bis sie merkten, dass kürzere Arbeitszeiten auch in ihrem eigenen Interesse waren: Wenn die Arbeitnehmer genügend Freizeit hatten, um sich auszuruhen, waren sie bei der Arbeit umso konzentrierter und schneller. Genau wie der technische Fortschritt erhöhen Ruhezeiten und kürzere Arbeitszeiten also die Produktivität.

Heute arbeiten die Deutschen im Schnitt ungefähr

39 Stunden in der Woche, samstags und sonntags haben die meisten frei. Wenn heute also über kürzere Arbeitszeiten geredet wird, geht es längst nicht mehr nur um die Gesundheit der Arbeitnehmer. Es geht vor allem darum, die Arbeit zu verteilen, damit auch die Arbeitslosen eine Chance haben.

Ob das aber funktionieren kann? Erinnern wir uns einfach wieder an die Kerzenfabrik: Alle Mitarbeiter beschließen, dass sie künftig etwas weniger arbeiten und weniger verdienen wollen. Als Ausgleich, so haben sie es sich überlegt, soll ein Arbeitsloser eingestellt werden. Der Chef der Kerzenfabrik hat schon eine Anzeige in der Tageszeitung geschaltet: »Kerzenzieher mit guter Ausbildung ab sofort gesucht. Berufserfahrung erwünscht.«

Aber es ist wie verhext: Alle Arbeitslosen, die sich auf die Anzeige gemeldet haben, sind ausgebildete Krankenschwestern oder Pizzabäcker. Das bedeutet: Arbeit lässt sich schon deshalb nur schwer verteilen, weil jene Stellen, die durch kürzere Arbeitszeiten frei werden, selten zur Ausbildung der Arbeitslosen passen. Oftmals fehlt denjenigen, die eine Arbeit suchen, die richtige Qualifikation. Gerade neue Mitarbeiter mit einer guten Ausbildung sind oft nur sehr schwer zu finden. Es ist also schwer, Arbeit zu teilen, wenn diejenigen, die Arbeit suchen, nicht die richtige Ausbildung haben.

Außerdem kann man nicht aus jedem Job zwei machen. In einer Kerzenfabrik dürfte es noch leicht machbar sein, dass alle Kerzenzieher etwas weniger arbeiten, damit ihr Chef einen neuen Kollegen einstellen kann. Bei anderen Berufen ist das viel schwieriger. Eine Stewardess auf einem Flug nach Australien kann kaum nach wenigen Stunden Feierabend machen, den Flug abbrechen und nach Hause gehen. Ein Moderator kann nicht einfach mitten in seiner Radiosendung das Mikrofon abschalten.

Außerdem kann es für die Unternehmen sehr teuer sein, wenn sie einen zusätzlichen Mitarbeiter einstellen. Neue Mitarbeiter brauchen Maschinen oder einen Computer, sie benötigen einen Schreibtisch oder ein Büro, sie müssen aus- und weitergebildet werden, und ihr Chef muss einige Versicherungen für sie bezahlen.

Und schließlich sind kürzere Arbeitszeiten auch bei den Kollegen nicht immer beliebt. Weniger zu arbeiten bedeutet normalerweise auch, weniger Geld zu verdienen. Vor allem: Was passiert, wenn der Chef doch keine neuen Kollegen einstellt? Zumindest nicht so viele wie versprochen? Dann muss man mehr Arbeit in kürzerer Zeit schaffen. So haben Wissenschaftler herausgefunden, dass kürzere Arbeitszeiten den Beschäftigten oft richtig Stress machen.

Die Sache mit den kürzeren Arbeitszeiten hat also einen Haken. Das sieht man schon beim Blick auf die Zahlen. 1960, also vor über 40 Jahren, haben die Deutschen im Schnitt 2162 Stunden pro Jahr gearbeitet. Im Jahr 2003 waren es nur noch 1445 Stunden – also 700 Stunden weniger. Macht also fast 31 ganze Tage, rund um die Uhr gerechnet.

Wenn kürzere Arbeitszeiten tatsächlich helfen könnten, die Arbeitslosigkeit zu beseitigen, dann müsste die Zahl der Arbeitslosen in den vergangenen 40 Jahren rasant gesunken sein. Ist sie aber nicht, im Gegenteil. 1960 lag die Arbeitslosenquote bei ungefähr einem Prozent. Zu Beginn des neuen Jahrtausends ist sie auf rund elf Prozent geklettert – obwohl die Menschen heute viel weniger arbeiten als früher.

Es gibt trotzdem einige Politiker, die sagen, die Arbeit in einem Land sei eine feste Größe, die sich auf beliebig viele Schultern verteilen lasse. Und wahrscheinlich stellen sie sich dabei eine Torte vor, die man in beliebig viele Stücke schneiden kann.

Wäre es aber nicht besser, eine möglichst große Torte zu backen, damit alle ganz viel davon haben? Wer arbeitet, der schafft etwas. Kamerafrauen drehen Fernsehfilme, Bäcker backen Brötchen, Internet-Experten machen Web-Seiten, Comic-Zeichner zeichnen Geschichten und Ärzte heilen Menschen. Wer arbeitet, der produziert und vermehrt etwas, schafft Güter oder Dienste und sorgt dadurch für Wohlstand. Er sorgt also dafür, dass der Wohlstandskuchen immer größer wird. Und davon haben dann alle Menschen etwas. Wer dagegen weniger arbeitet, der schafft auch weniger Wohlstand. Deswegen können auf lange Sicht auch keine neuen Stellen entstehen, wenn die Menschen früher Feierabend machen.

Manchmal können kürzere Arbeitszeiten allerdings praktisch sein – für einzelne Firmen, denen es vorübergehend schlecht geht. Wenn ein Unternehmen eine Zeit lang zu wenig Aufträge und daher zu wenig Einnahmen hat, kann es Geld sparen, indem seine Mitarbeiter weniger arbeiten und entsprechend weniger verdienen. Das Unternehmen muss dann weniger für die Löhne ausgeben. Die Mitarbeiter werden sich auf ein solches Geschäft einlassen, wenn ihr Chef verspricht, als Gegenleistung niemanden zu entlassen.

Viele Unternehmen in Deutschland haben auf diese Weise Arbeitsplätze gerettet. Das bekannteste Beispiel ist die Automobilfirma Volkswagen – jenes Unternehmen, das heute den Golf und den Beetle baut. Im Jahr 1993, als es der Wirtschaft nicht besonders gut ging und die Firma nur wenige Aufträge für neue Autos hatte, steckte Volkswagen in Schwierigkeiten. Die Manager dachten sogar darüber nach, 30 000 Menschen zu entlassen. Das wäre schlimm gewesen – für jeden Einzelnen, aber auch für ganze Städte, in denen die Volkswagen-Mitarbeiter wohnen, für ihre Pizzabäcker, Friseure und Möbelhändler.

Deshalb steckten Manager und Mitarbeiter bei Volkswagen die Köpfe zusammen, um zu beraten. Irgendwann hatten sie eine Idee: Die Beschäftigten sollten nicht mehr an fünf Tagen in der Woche in den Volkswagen-Werken arbeiten, sondern nur noch an vieren. Statt 35 Stunden wären das 28,8 Stunden in der Woche. Die Menschen würden natürlich weniger verdienen, aber dafür würde das Unternehmen auch versprechen, keine Mitarbeiter zu entlassen.

Über den Vertrag, den Mitarbeiter und Manager schließlich unterzeichneten, schrieben sie den Titel: »Jeder Arbeitsplatz hat ein Gesicht.«

Anfang 1994 wurde die Vier-Tage-Woche tatsächlich eingeführt. Für die Beschäftigten bei Volkswagen war das gut, weil sie ihren Arbeitsplatz behalten durften, auch wenn sie im Jahr etwas weniger Geld als vorher verdienten. Für den Staat war das gut, weil er nicht noch mehr Arbeitslose verkraften musste. Und für die Manager von Volkswagen war das gut, weil sie in schlechten Zeiten Geld sparen konnten und doch keine Kündigungen schreiben mussten.

Irgendwann füllten sich schließlich die Auftragsbücher wieder und es gab viele Kunden, die ein neues Auto bei Volkswagen bestellten. Da war es praktisch, dass es im Unternehmen noch genügend Autobauer, Mechaniker und Lackierer gab. Sonst hätte Volkswagen mühsam neue Beschäftigte aussuchen und einarbeiten und dafür viel Geld ausgeben müssen.

Wenn die Menschen in Wolfsburg sich auch nur langsam daran gewöhnen konnten, lediglich viermal in der Woche zur Arbeit zu fahren: Die Vier-Tage-Woche bei Volkswagen galt bald im ganzen Land als Erfolg, weil sie Tausende von Arbeitsplätzen sicherte, die es bereits gab. Das ist die eine Wahrheit. Die andere Wahrheit lautet aber: Es ging bei Volkswagen damals nicht darum, neue Stellen zu schaffen und Arbeitslose von außen einzustellen.

Kürzere Arbeitszeiten können also im Notfall sinnvoll sein. Wenn die Löhne genauso wie die Arbeitszeit schrumpfen, helfen kürzere Arbeitszeiten, dass niemand entlassen werden muss. Aber sie können normalerweise keine neuen Arbeitsplätze für die vielen Arbeitslosen schaffen, die einen Job suchen.

Inzwischen ist es sogar genau umgekehrt. Viele Politiker in Deutschland reden darüber, ob es nicht besser wäre, wenn alle Menschen in Deutschland wieder länger arbeiten würden.

Wenn die Menschen mehr arbeiten, dafür aber nicht mehr Lohn bekommen, dann sparen die Unternehmen viel Geld. Sie bekommen mehr Leistung von ihren Mitarbeitern, ohne dafür bezahlen zu müssen. Den Betrieben würde das natürlich gut gefallen. Sie würden dann viel mehr Geld verdienen. Einige Politiker und Experten sagen, dass die Unternehmen dann sogar neue Mitarbeiter einstellen könnten. Aber auch das kann am Ende niemand beweisen.

Selbst, wenn sie es wollten: Die Politiker können in Wahrheit nicht über die Wochenarbeitszeit bestimmen. Normalerweise sind es Gewerkschaften und Arbeitgeber, die über die Arbeitszeiten entscheiden. Wenn sie über die Löhne für die Arbeitnehmer verhandeln, dann reden sie auch darüber, wie viele Stunden die Menschen pro Woche arbeiten müssen.

Der Bundeskanzler und seine Minister könnten höchstens beschließen, einen Feiertag abzuschaffen. Auch dann würden die Menschen ja länger arbeiten – nämlich genau einen Tag im Jahr. Bei den Bürgern kommt das aber meist gar nicht gut an.

»Wenn dein starker Arm es will«: Wofür sind die Gewerkschaften da?

»Die Luft mancher Baumwollspinnereien war mit dichtem Staube erfüllt, ein weißer Flaum bedeckte die Maschinen und der Fußboden war mit einer klebrigen Masse aus Öl, Staub und Unrat aller Art bestehend überzogen. Aus den Abtritten, welche direkt in die Arbeitssäle mündeten, drangen die ekelhaftesten Dünste ein.

In den mechanischen Werkstätten konnte man sich kaum zwischen Maschinen, Werkzeugen, Arbeitsstücken und Vorratsmaterial durchwinden. Dunkel herrschte innerhalb der vier schwarzen Wände, und zahlreiche Unfälle verdanken diesen Zuständen ihre Entstehung.«

Wer will jeden Tag in einer solchen Fabrik arbeiten? Niemand. Deshalb setzte sich ein wütender Schweizer Fabrikinspektor in der Mitte des 19. Jahrhunderts an seinen Schreibtisch, um diese Zeilen zu Papier zu bringen: einen Bericht über die Lage der Arbeiter in den Baumwollspinnereien des Landes. Gerade waren die ersten großen Maschinen aufgekommen und hatten die Arbeitswelt radikal verändert. Hatten die Menschen zuvor jahrhundertelang als Bauern und Leibeigene auf den Dörfern gelebt und die Felder bestellt, so zogen sie nun in die Städte, um in riesigen Fabriken Geld zu verdienen.

Oft fristeten sie ein trauriges Dasein. Die Menschen schufteten 16 Stunden am Tag. Manche sogar mehr. Trotzdem reichten die Löhne der Familienväter nicht aus, um Brot und Milch kaufen und ein Zimmer bezahlen zu können. Weil das Geld so knapp war, mussten bald auch die Frauen und Kinder arbeiten gehen. In Fabriken, in denen es so stickig war, dass man die Hitze nur in Unterwäsche ertragen konnte, schwitzten sie an riesigen Webstühlen. Oder sie schufteten in den dunklen, tiefen Schächten der Bergwerke. Und wer gar nicht mehr arbeiten konnte, weil er alt oder krank war, musste betteln gehen. Für die Schwächsten in der Gesellschaft, die ihre Arbeitskraft nicht mehr verkaufen konnten, gab es so gut wie gar keinen Schutz.

Irgendwann hatten die Menschen dieses Leben satt. Sie beschlossen, sich zusammenzutun, um gemeinsam stärker zu sein. Die Idee war einfach: Hundert oder sogar tausend Arbeiter, die gemeinsam höhere Löhne und bessere Arbeitsbedingungen verlangen, haben zusammen viel mehr Macht als ein einzelner Arbeiter, der um seine Rechte kämpft. Deshalb gründeten die Arbeiter im 19. Jahrhundert die ersten Vereinigungen – die Gewerkschaften.

Den Gewerkschaften gelang es im Laufe der Jahrzehnte,

die Arbeitswelt menschenwürdiger zu gestalten: Kinderarbeit ist längst verboten. Firmenchefs müssen heute darauf achten, dass ihre Beschäftigten bei der Arbeit nicht krank werden und sich nicht verletzen. Die meisten Menschen arbeiten nicht mehr als 38 oder 39 Stunden in der Woche. Und dabei reicht ihr Lohn aus, um ihre Familie gut versorgen zu können.

Inzwischen sprechen die Fabrikbosse in Deutschland nicht mehr von ihren »Arbeitern«. Sie sagen »Mit-Arbeiter«, was viel netter klingt und auch so gemeint ist. Denn heute müssen sich Fabrikbesitzer bemühen, ihre Beschäftigten gut zu behandeln. Wenn nicht, dann gibt es Krach mit den Gewerkschaften.

Auch wer heute krank oder alt wird, muss sich nicht sorgen oder gar betteln gehen. Der Staat wird sich um ihn kümmern. Das alles haben die Vereinigungen der Arbeitnehmer durchgesetzt.

Wenn die Menschen heute aber nicht mehr ausgebeutet werden können – wofür braucht man dann eigentlich noch Gewerkschaften? Schließlich sind die Gewerkschaften früher einmal dafür gegründet worden, sich für die Arbeiter einzusetzen. Anders als damals gibt es heute aber keine schlechten Arbeitsbedingungen, sondern Millionen Arbeitslose. Die Menschen haben mehr Angst davor, ihren Job zu verlieren, als davor, dass ihre Chefs sie schlecht behandeln könnten. Diese Veränderung hat den Gewerkschaften das Leben schwerer gemacht.

So kommt es auch, dass die Gewerkschaften inzwischen ziemlich viele Mitglieder verloren haben. Inzwischen gibt es immer mehr Menschen, die nicht in Fabriken arbeiten, sondern an einem Schreibtisch. Sie treten oft gar nicht erst in eine Gewerkschaft ein. Andere Mitglieder haben sich abgemeldet, als sie arbeitslos wurden oder in Rente gingen.

Heute haben die Gewerkschaften vor allem zwei Aufgaben: Erstens setzen sie sich für die Rechte aller Beschäftigten ein. Ganz besonders laut melden sie sich zu Wort, wenn die Politiker in Berlin mal wieder den Arbeitsmarkt reformieren wollen. Meistens geht es dann nämlich um Regelungen, die die Gewerkschaften selbst irgendwann einmal durchgesetzt haben. Und deshalb sind sie besonders empfindlich, wenn eine Regierung etwas daran verändern will – am Kündigungsschutz zum Beispiel, der die Arbeitnehmer vor Entlassungen schützen soll, an der Unterstützung für Arbeitslose oder bei den Tarifverträgen. Dann meckern die Gewerkschaften öffentlich oder organisieren Protestkundgebungen auf der Straße. Davor haben die Politiker immer mächtig Angst.

Und zweitens sind die Gewerkschaften ja dafür da, die Löhne und Arbeitszeiten für viele Beschäftigte auszuhandeln. Das ist wahrscheinlich sogar ihre wichtigste Aufgabe. Einmal im Jahr setzen sich Gewerkschaften und die Verbände der Firmenchefs deshalb zusammen. Und so eine Tarifverhandlung kann ganz schön spannend sein.

Tricksen, tarnen, täuschen:
Was passiert bei einer Tarifverhandlung?

Wenn Gewerkschaftsbosse und die Chefs der Wirtschaftsverbände zu einer Tarifverhandlung aufbrechen, dann haben sie in aller Regel ein kleines Köfferchen dabei. Meist ist ein gebügeltes Hemd darin, eine frische Unterhose und eine Zahnbürste. Lohnrunden sind anstrengend, und sie können sehr, sehr lange dauern. Deswegen finden sie oft in Hotels statt. Dort können sich Gewerkschafter und Arbeitgeber ein Zimmer reservieren und zwischendurch ein Nickerchen machen.

Tarifverhandlungen sind für Millionen Menschen sehr wichtig. Denn es geht um viele Regeln des Arbeitens, vor allem aber um den Lohn und die Arbeitszeit.

Die Arbeitnehmer hoffen darauf, dass ihre Löhne kräftig

steigen. Die Unternehmer hätten es natürlich lieber, wenn die Löhne nicht so stark steigen würden. Deswegen gibt es bei Tarifverhandlungen regelmäßig Streit. Und wenn es irgendwo Krach gibt, zieht das viele Journalisten und Kamerateams an.

Am ersten Tag einer Tarifrunde flackern über die Fernsehschirme die immer gleichen Bilder: Viele Männer und wenige Frauen mit ernsten Gesichtern schütteln sich die Hände und nehmen an zwei langen Tischen Platz, die sich gegenüberstehen. Auf der einen Seite sitzen die Gewerkschafter, die die Arbeitnehmer vertreten, auf der anderen Seite sitzen die Unternehmer und Fachleute aus den Arbeitgeberverbänden. Die Verhandlungsführer beider Parteien, die Chefs also, thronen in der Mitte und lassen sich von ihren Vertrauten links und rechts Zahlen und Neuigkeiten ins Ohr flüstern.

Wer genau aufpasst, der bemerkt, dass die langen, weißen Decken auf den Verhandlungstischen oft bis zum Boden reichen. Das kann ganz praktisch sein, denn ist das Stofftuch nur lang genug, dann kann niemand die Beine seiner Gegner auf der anderen Seite sehen. Man kann also auch nicht erkennen, ob das Gegenüber ganz ruhig ist oder nervös mit den Füßen wippt. Schließlich wird hier wie beim Pokern gezockt.

Tarifverhandlungen finden fast in jedem Jahr statt. Arbeitgeber und Gewerkschaften verhandeln dann für viele Unternehmen, die im selben Industriezweig arbeiten – man sagt dazu auch Branche. Zum Beispiel besprechen sie die Löhne für alle Menschen, die in der Metall- und Elektroindustrie arbeiten, vom großen Automobilunternehmen bis hin zur kleinen Schlosserei. Oder sie reden über die Löhne für alle Verkäuferinnen, für alle Bankangestellten, für alle Software-Ingenieure, für alle Chemie-Facharbeiter, für alle Bergleute oder für alle Bauarbeiter. Jeder hat nämlich seine eigene Gewerkschaft, zum Beispiel die IG Metall, die Dienstleistungsgewerkschaft Ver.di, die IG Bergbau-Chemie-Energie oder die IG Bau.

Politiker haben bei diesen Verhandlungen nichts zu suchen und nichts zu sagen. Sie dürfen nicht mitreden und sollen auch keine Empfehlungen abgeben. In Deutschland verhandeln allein Arbeitgeberverbände und Gewerkschaften über die Löhne. Tarifverhandlungen sollen vom staatlichen Einfluss unabhängig – man sagt auch »autonom« – sein. Gewerkschaften und Arbeitgeber sind sehr stolz auf diese Unabhängigkeit vom Staat. Sie passen auf diese »Tarifautonomie« besonders gut auf.

Die Verhandlungen ähneln einer Fernsehserie mit mindestens drei Folgen. Gewerkschaften und Arbeitgeber folgen bei ihren Gesprächen einem Ritual, so als würden sie sich an ein ungeschriebenes Drehbuch halten.

Wenn sich Gewerkschaften und Arbeitgeber mit ihren kleinen Köfferchen in irgendeinem Hotel zusammenfinden, dann fängt alles damit an, dass sie sehr lange über sehr viele Zahlen streiten. Die Gewerkschaften werden ihren Vortrag damit beginnen, dass es der Wirtschaft recht gut gehe und dass die Unternehmen anständige Gewinne machen. Davon müssten auch die Beschäftigen etwas abbekommen, und außerdem sei sowieso alles im Lande teurer geworden. »Die Beschäftigten haben ein Recht auf einen kräftigen Schluck aus der Pulle«, sagen die Gewerkschaften dann, oder: »Die Bescheidenheit der Arbeitnehmer muss ein Ende haben.« Kurz: Sie wollen, dass die Löhne kräftig erhöht werden.

Die Arbeitgeber wiederum wenden sich empört ab und antworten, dass es den Unternehmen in Wahrheit gar nicht so gut gehe, wie die Gewerkschaften meinen. Die Lage sei schwierig, die Zukunft ungewiss. Daher sei es besser, die Beschäftigten ließen sich darauf ein, die Löhne nur sehr, sehr vorsichtig zu erhöhen – wenn überhaupt. Alles andere sei überhaupt nicht zu bezahlen.

Irgendwann legen die Gewerkschaften dann eine Zahl auf den Tisch: ihre Lohnforderung. Sie werden zum Beispiel verlangen, dass die Löhne für die Beschäftigten der Branche im nächsten Jahr um fünf Prozent steigen müssen. Das bedeutet, dass ein Arbeiter, der heute noch 1000 Euro brutto verdient, im nächsten Jahr 50 Euro mehr bekommen soll. Die Arbeitgeber regen sich mächtig auf und weisen diese Forderung als »völlig überzogen« zurück.

Nach ein paar Treffen nennen die Arbeitgeber dann selber ihr Angebot für eine Lohnerhöhung, das viel, viel niedriger ist: ein Prozent zum Beispiel. Sie wollen einem Arbeiter, der heute 1000 Euro verdient, im nächsten Jahr also nur 10 Euro mehr zugestehen. »Unverschämt«, werden die Gewerkschaften schimpfen, oder: »Eine Kampfansage an die Arbeitnehmer!«

Nach ein paar Runden des Spieles einigen sich Arbeitgeber und Gewerkschaften irgendwann auf eine Lohnerhöhung, die irgendwo zwischen Forderung und Angebot liegt – bei drei Prozent zum Beispiel. Macht also 30 Euro mehr für den Arbeiter, der 1000 Euro im Monat verdient. Oft geschieht eine solche Einigung friedlich im Verhandlungssaal.

Wenn aber die Gespräche am Tisch mit den langen Decken festgefahren sind, organisieren die Gewerkschaften einen Streik: Dann legen die Beschäftigten ihre Arbeit nieder, um höhere Löhne zu erzwingen. Das kann ein paar Tage dauern, manchmal aber auch Wochen. Die Unternehmen haben Angst vor Streiks, denn jeder Tag eines Arbeitskampfes kostet sie viel Geld, weil die teuren Maschinen stillstehen.

Den Druck, den die Arbeitnehmer auf diese Weise ausüben können, hat der Dichter Georg Herwegh schon 1864 in einem Gedicht beschrieben. Diese Verse über die ersten Gewerkschaften sind den Arbeitnehmern noch heute wichtig. Darin heißt es:

»Mann der Arbeit, aufgewacht,
Und erkenne deine Macht!
Alle Räder stehen still,
Wenn dein starker Arm es will.«

Allerdings ist die Sache mit dem starken Arm heute etwas schwieriger geworden. Für die Gewerkschaften ist es nicht immer ganz einfach, ihre Mitglieder zum Streiken zu bewegen. Auf den ersten Blick sieht es zwar so aus, als könne ein Streik den Beschäftigten ziemlich viel Spaß machen – auf jeden Fall mehr Spaß als ein Tag Arbeit. Bei einem Streik steht man mit Kollegen vor der Fabrik und plaudert ein wenig. Oft gibt es sogar Kaffee oder Würstchen.

Wer aber nicht arbeitet, der verdient auch kein Geld. Manchmal ist das den Beschäftigten gar nicht so recht – auch wenn ihre Gewerkschaft etwas Geld zum Ausgleich zahlt. Vor allem haben manche Arbeitnehmer heute Angst, sie könnten ihren Job verlieren, wenn sie streiken.

Als eine große Gewerkschaft, die IG Metall, im Jahr 2003 für kürzere Arbeitszeiten in Ostdeutschland kämpfen wollte, machten viele Beschäftigte gar nicht erst mit. Daraufhin gab es in vielen Unternehmen Streit zwischen jenen Mitarbeitern, die streiken wollten, und ihren Kollegen, die davor Angst hatten. In einer Firma spielten sich sogar Szenen ab wie in einem Action-Film aus Hollywood: Der Chef ließ alle Mitarbeiter, die arbeiten wollten, mit einem Hubschrauber auf das Firmengelände fliegen. Anders wäre es nicht gegangen. Die streikenden Kollegen hatten das Werkstor verrammelt.

Irgendwann endet der Arbeitskampf. Normalerweise setzen sich Gewerkschaften und Firmenchefs danach wieder an den Verhandlungstisch. Oft ist es tief in der Nacht, wenn die Bosse von Arbeitgebern und Gewerkschaften vor die Fernsehkameras treten und eine Einigung verkünden. Müde sehen sie dabei aus, mit dunklen Rändern unter den Augen und Bartstoppeln im Gesicht.

Die Tarifrunde ist beendet und jeder bemüht sich, wie ein Sieger dazustehen. »Wir haben das Beste für unsere Mitglieder herausgeholt«, sagt der Gewerkschaftschef dann. »Wir haben das Schlimmste verhindert«, erklärt der Arbeitgeberpräsident.

Von Klitschen und Konzernen: Warum schimpfen Politiker über den Tarifvertrag?

Manchmal können Tarifverhandlungen Wochen dauern. Gewerkschafter und Arbeitgeber gehen nächtelang nicht ins Bett. Und wenn es zu einem Streik kommt, kann das für die Beschäftigten und für die Unternehmen teuer werden. Da fragt man sich doch: Warum tun Gewerkschaften und Arbeitgeberverbände sich dieses Ritual eigentlich jedes Jahr wieder an?

Nun, für die Arbeitnehmer haben Tarifverhandlungen den Vorteil, dass die Gewerkschaften mehr Macht haben als ein Beschäftigter allein. Nur gemeinsam können sie außerdem mit einem Streik drohen, den viele Unternehmer fürchten. Deshalb ist die Chance groß, dass es höhere Löhne gibt, wenn die Gewerkschaften die Verhandlungen übernehmen.

Für die Arbeitgeber wiederum ist es praktischer, mit einer Gewerkschaft zu sprechen, als mit jedem Arbeitnehmer einzeln den Lohn aushandeln zu müssen. Vor allem schätzen es die Firmenchefs, dass es in ihrem Betrieb ziemlich friedlich bleibt und sie nicht ständig mit einem Streik rechnen müssen. Schließlich finden Tarifverhandlungen höchstens einmal im Jahr statt.

Friedlich vereinbarte Regeln sind für die Arbeitgeber bares Geld: In Deutschlands Firmen geht es ziemlich harmonisch zu. 1000 deutsche Beschäftigte kommen im Jahr auf gerade einmal fünf Streiktage. Verglichen mit anderen Ländern ist das unschlagbar wenig. In Kanada zum Beispiel gibt es pro 1000 Beschäftigte 190 Streiktage, in Spanien sind es sogar 250.

Trotzdem berichten Zeitungen und Fernsehnachrichten hierzulande oft darüber, dass einige Politiker und Wissenschaftler über den Tarifvertrag schimpfen. Sie beklagen sich darüber, dass er keine Rücksicht darauf nehme, dass die einzelnen Unternehmen sehr unterschiedlich seien.

Haben sich zum Beispiel die Gewerkschaft und der Arbeitgeberverband in der Metallindustrie darauf geeinigt, die Löhne im nächsten Jahr um drei Prozent zu erhöhen, dann gilt diese Zahl in der Regel für alle Beschäftigten in allen Unternehmen – für die ganz großen Konzerne und für die ganz kleinen Klitschen, für gesunde Betriebe und für kranke. Der riesige Automobilkonzern, der überall auf der Welt seine Fahrzeuge verkauft und im Jahr Milliarden Euro Gewinne schreibt, muss die Löhne also für alle Beschäftigten um drei Prozent anheben. Er kann sich das vielleicht leisten. Was aber ist mit der kleinen Schmiede im Sauerland, wo der Chef darum kämpft, jeden Monat seine fünf Beschäftigten bezahlen zu können?

Manches Unternehmen kann sich eine Lohnerhöhung gut leisten, ein anderes kommt damit in echte Schwierigkeiten. Der Tarifvertrag in seiner althergebrachten Form achtet aber nicht darauf, dass die Unternehmen verschieden sind. Er gilt für alle Unternehmen einer Region und eines Wirtschaftszweiges gleichermaßen. Deshalb sprechen die Politiker oft auch vom »*Flächen*tarifvertrag«.

Für die Manager und Firmenchefs, die höhere Löhne nicht bezahlen können oder wollen, gibt es allerdings einen Notausgang: Nur die Unternehmen, die Mitglied in einem Arbeitgeberverband sind, müssen die mit der Gewerkschaft vereinbarten höheren Löhne zahlen. Wer kein Mitglied in diesem Verband ist, handelt mit der Gewerkschaft vor Ort selber die Lohnerhöhung aus. Das nennt man dann »*Haus*tarifvertrag«.

Viele Unternehmen haben in den vergangenen Jahren die Arbeitgeberverbände verlassen, weil ihnen der Flächentarifvertrag nicht mehr gefiel oder zu teuer erschien. Die Arbeitgeberverbände haben deshalb ähnliche Schwierigkeiten wie die Gewerkschaften: Ihnen laufen die Mitglieder davon, vor allem in den neuen Bundesländern. Die Zeitungen schreiben häufig über diese »Tarifflucht«.

Einige Politiker fordern, es sei eigentlich viel besser, wenn jedes Unternehmen mit seinen eigenen Mitarbeitern über Löhne und Arbeitszeiten verhandeln würde – statt immer die Gewerkschaften einzuschalten. Natürlich meinen sie nicht, dass jeder Chef mit jedem Mitarbeiter feilschen muss. Nein, die Mitarbeiter sollen ihren Betriebsrat schicken. Diesen Betriebsrat haben sie selbst gewählt. Seine Mitglieder sind in einer Firma so etwas Ähnliches wie die Klassensprecher in der Schule: Normalerweise greifen sie ein, wenn ihre Kollegen in Schwierigkeiten stecken.

Manchmal hat es aber auch ein Klassensprecher schwer, etwas gegen die Lehrer durchzusetzen, bei denen er in den Unterricht muss. Im Unternehmen ist das so ähnlich. Deshalb wollen die Gewerkschaften auch nicht, dass die Firmenchefs mit den Betriebsräten allein über höhere Löhne verhandeln. Die Gewerkschaften wollen nämlich immer ein Wörtchen mitreden. Sie sagen, das sei besser für die Beschäftigten.

Einige Politiker und viele Arbeitgeber finden das aber überflüssig. Sie schlagen vor, dass die Mitarbeiter in jeder Firma einfach darüber abstimmen sollen, ob sie mit den Lohnerhöhungen oder Arbeitszeiten zufrieden sind, die Firmenchefs und Betriebsrat vereinbart haben. So eine Regel nennen die Politiker auch ein »betriebliches Bündnis«.

Ganz neu daran wäre, dass Firmenchefs und Betriebsrat die Gewerkschaft nicht mehr – wie bisher - um ihre Zustimmung bitten müssten. Die Gewerkschaften hätten dann aber viel weniger zu sagen. Deswegen gefällt ihnen die Idee der betrieblichen Bündnisse gar nicht so gut.

Ein kräftiger Schluck aus der Pulle: Sind hohe Löhne gut oder schlecht?

Kaum ist eine Tarifverhandlung zu Ende gegangen, zupfen die Fernsehreporter ihre Krawatten zurecht und greifen zum Mikrofon. »Soeben haben sich Arbeitgeber und Gewerkschaften darauf geeinigt, dass alle Beschäftigten im nächsten Jahr drei Prozent mehr Lohn bekommen sollen«, sagen sie in die Kameras. Klingt wie eine klare Ansage.

Doch die Kommentare, die darauf folgen, scheinen aus zwei verschiedenen Welten zu stammen: In einer Sendung freut sich ein beschlipster Experte, dass die höheren Löhne die ganze Wirtschaft nach vorn bringen könnten. Er redet von einer »zukunftsweisenden Entscheidung«. Auf einem anderen Kanal schimpft wenig später eine Expertin, dass die höheren Löhne der Wirtschaft den Garaus machen könnten: »Dieses Ergebnis ist eine schwere Fehlentscheidung«, sagt sie. Und wer hat jetzt Recht? Sind hohe Löhne gut oder schlecht?

Im Kleinen kann man es sich ziemlich gut vorstellen: Jeder Arbeitnehmer freut sich, wenn sein Lohn steigt. Er hat ein pralles Portemonnaie und kann mehr einkaufen.

Jeder Unternehmer dagegen freut sich, wenn die Löhne nicht allzu kräftig steigen. Dann muss er weniger an seine Mitarbeiter bezahlen, kann neue Maschinen kaufen und hat am Ende vielleicht selber ein pralles Portemonnaie. So ähnlich muss man weiterdenken, wenn man wissen will, was höhere Löhne für die gesamte Wirtschaft bedeuten.

Die Gewerkschaften bemühen sich, möglichst hohe Löhne auszuhandeln. Deswegen werden sie selber und alle Politiker und Experten, die den Gewerkschaften nahe stehen, immer sagen, dass hohe Löhne gut für die gesamte Wirtschaft seien.

Ihre Begründung: Wenn die Menschen mehr verdienen, dann haben sie mehr Geld zum Einkaufen. Sie kaufen sich vielleicht einen neuen Flachbild-Fernseher, sie gehen öfter zum Italiener, um eine Pizza zu essen, und gönnen sich eine schöne Urlaubsreise. Auch die Fernseher-Hersteller, Restaurants und Reisebüros nehmen dann mehr Geld ein. Irgendwann verdienen sie vielleicht sogar so viel, dass sie neue Fernsehfachleute, Pizzabäcker und Reiseverkehrskaufleute einstellen werden.

Höhere Löhne erhöhen also die Nachfrage. Sie können dafür sorgen, dass es der Wirtschaft gut geht und dass es nicht mehr so viele Arbeitslose gibt. Alles hängt also davon ab, dass die Menschen mehr einkaufen können. Die Gewerkschaften reden dann vom »Kaufkraft-Argument«.

Außerdem, so argumentieren die Gewerkschaften gern, arbeiten die Beschäftigten besonders schnell und gern, wenn sie etwas mehr verdienen. Sie seien also motivierter, und deshalb hätten auch die Unternehmen etwas davon, wenn sie ihren Mitarbeitern höhere Löhne zahlten.

Die Arbeitgeberverbände und alle Politiker und Experten, die ihnen nahe stehen, sehen das genau anders herum. Sie sagen, dass die Unternehmen der Motor der Wirtschaft sind – nicht die Arbeitnehmer, die einkaufen gehen. Daher werden sie immer erklären, dass zu hohe Löhne der gesamten Wirtschaft schaden. Auch dafür gibt es Gründe.

Höhere Löhne müssen nämlich nicht unbedingt dazu führen, dass die Menschen mehr Geld für Flachbild-Fernseher, Pizza oder Urlaubsreisen ausgeben.

Als Maya noch einen Job als Kamerafrau hatte, da erhöhte ihr Chef einmal ihr Gehalt um 100 Euro brutto. Maya kann deswegen aber nicht 100 Euro zusätzlich für CDs oder Restaurantbesuche mit ihren Freunden ausgeben. Schließlich muss sie auf den höheren Lohn noch Steuern und Sozialabgaben zahlen. 43 Euro nimmt der Staat auf diese Weise weg. Bleiben netto also nur noch 57 Euro für Maya.

Mal angenommen, Maya spart jetzt sechs Euro – dann bleiben noch 51 Euro über. Jetzt kauft sich Maya noch eine

CD für 17 Euro. Die CD wurde in den USA aufgenommen und hergestellt. In Deutschland verdient also nur der Händler ein paar Cent. Bleiben jetzt noch 34 Euro übrig, die Maya für eine Pizza und ein neues Buch ausgibt. In deutschen Geschäften kommt von der Lohnerhöhung also nicht allzu viel an: gerade mal 34 Euro von insgesamt 100 Euro.

Die Unternehmen und ihre Experten sagen deshalb, dass alles genau anders herum funktioniert: Zuerst müssten die Fernseher-Hersteller, Pizzabäcker und Reisebüros selbst Gewinne machen. Wenn es der Wirtschaft gut ginge, könnten die Unternehmen neue Mitarbeiter einstellen. Dann gäbe es weniger Arbeitslose.

Dagegen würden hohe Löhne bedeuten, dass die Gemüsehändler, Pizzabäcker und Reisebüros ihren Beschäftigten mehr Geld zahlen müssten. Das würde den Gewinn der Unternehmen schmälern. Die Unternehmen könnten dann keine neuen Maschinen oder Computer kaufen und keine neuen Mitarbeiter einstellen. Der Wirtschaft ginge es schlecht. Wenn die Löhne zu hoch wären, müssten die Betriebe vielleicht sogar Mitarbeiter entlassen.

Die Arbeitgeber – und viele Wissenschaftler – schlagen für die Lohnerhöhung deshalb immer eine Daumenregel vor: Höhere Löhne müssen irgendwie bezahlt werden. Die Beschäftigten müssen sie »erwirtschaften«. Die Löhne können also nur in dem Maße steigen, wie die Beschäftigten auch mehr herstellen. Die höheren Löhne wären dann der Ausgleich für eine höhere Produktivität.

Denken wir noch einmal an unsere Kerzenfabrik: Wenn ein Mitarbeiter der Kerzenfabrik in einer Stunde nicht mehr nur 100 Kerzen herstellt, sondern 103 (weil er sich besonders anstrengt oder mit einer schnelleren Maschine arbeitet), dann stellt er drei Prozent mehr Kerzen her. Seine Produktivität steigt um drei Prozent. Folglich wäre es fair, wenn sein Chef den Lohn um drei Prozent erhöhen würde.

Würde man die Gewerkschaften fragen, würden sie dagegen mehr als drei Prozent fordern – fünf Prozent zum Beispiel. Schließlich seien ja auch die Preise gestiegen und hätten das Leben teurer gemacht, werden die Gewerkschaften sagen. Und außerdem müssten auch die Beschäftigten etwas davon haben, wenn die Unternehmen Gewinne machen.

Über die richtige Lohnhöhe lässt sich also trefflich streiten – und genau das machen Arbeitgeber und Gewerkschaften in jeder Lohnrunde. Alle Jahre wieder.

Die Globalisierung:
Wandern die Arbeitsplätze in andere Länder aus?

Die Nordseekrabbe muss ein ziemlich reiselustiges Tierchen sein. Bevor das zartrosa Meeresgeschöpf auf einem Rührei-Teller oder einem Brötchen landet, macht es sich auf den Weg in ferne Länder. Kaum hat ein Fischer die Krabbe nämlich in seinem Netz aus der Nordsee gezogen, wird sie in einen Lkw mit Kühlfächern verfrachtet. Jetzt geht es auf eine sehr, sehr lange Reise: nach Marokko.

Dort, im Norden Afrikas, gibt es große Fabriken, in denen die Mitarbeiter den ganzen Tag über nichts anderes tun, als Krabben zu pulen. Mit der linken Hand halten die Marokkaner – meistens sind es Frauen – das Krabben-Köpfchen fest, drehen einmal mit der rechten und pulen das Krabbenfleisch aus der Schale.

Wenn alle Krabben nackt daliegen, werden sie wieder in einen Lkw geladen und zurück nach Deutschland gefahren. Hier landen sie dann erst in einem Supermarkt und irgendwann auf einem Rührei oder einem Brötchen.

Die lange Reise der Krabben klingt ziemlich verrückt. Warum kommen die Fischfirmen überhaupt auf die eigenartige Idee, die Krabben von Nordeuropa nach Nordafrika und zurück zu schicken? Das muss doch ganz schön teuer sein. Oder etwa nicht?

Ein Unternehmer, der mit seiner Krabben-Firma Gewinne machen will, wird natürlich einen triftigen Grund für seine Entscheidung haben. Er will seine Kosten senken. Die Krabbenpuler in Marokko sind nicht nur besonders flink, sondern auch besonders preiswert. Sie verdienen am Tag ungefähr vier Euro und pulen dafür viele Kilo Krabben. Ihre deutschen Kollegen sind viel teurer: Sie bekommen fast vier Euro für jedes einzelne Kilo Krabben, das sie pulen.

Deswegen ist es für den Krabbenunternehmer immer noch viel günstiger, große Kühlboxen und einen Lastwagen zu kaufen und einen Lkw-Fahrer einzustellen, um die Krabben zum Pulen nach Marokko zu bringen, als heimische Puler in Husum, Büsum oder Cuxhaven zu beschäftigen. Und weil inzwischen fast alle Nordseekrabben in Marokko oder in Polen aus ihrem Panzer gezupft werden, gibt es in Deutschland fast keine Krabbenpuler mehr.

Neben der Krabbe erweisen sich auch viele andere Produkte als reiselustig. Der Hinweis »Made in Germany« ist fast schon ausgestorben. Viele T-Shirts, die wir in deutschen Geschäften kaufen, werden in Ländern wie Kambodscha oder Malaysia genäht. Viele Playmobil-Figuren werden auf Malta hergestellt. Viele Turnschuhe werden in China gefertigt, viele Fußbälle in Brasilien. Und die schönsten Rosen, die deutsche Blumengeschäfte schmücken, haben Gärtner in Ecuador gezogen.

Die Wirtschaft ist international geworden. Es scheint ganz normal für uns, in Hamburg oder München Produkte aus fernen Ländern zu kaufen. Es ist auch normal, dass Unternehmer aus Hamburg oder München nicht nur in Deutschland, sondern auch in Polen oder China neue Fabriken bauen und Mitarbeiter einstellen. Und alle großen Unternehmen, die Konzerne, produzieren und verkaufen ihre Produkte ohnehin in aller Herren Länder. Wenn es um diese weltweiten Verflechtungen der Wirtschaft geht, dann reden die Fachleute und Politiker von »Globalisierung«.

Schon seit Jahrhunderten treiben die Menschen Handel mit fremden Ländern, das ist eigentlich nichts Neues. Bereits in der Antike handelten die Menschen fern ihrer Heimat mit Gewürzen, Gold, Silber oder Edelsteinen.

In den vergangenen Jahrzehnten ist aber so viel zwischen verschiedenen Ländern und Erdteilen gehandelt worden wie nie zuvor, und immer mehr Firmen ließen sich in fremden Staaten nieder. Das liegt daran, dass die Menschen inzwischen sehr große Schiffe und sehr große Flugzeuge bauen können. Im Vergleich zu früher ist es viel schneller und günstiger geworden, Produkte durch die ganze Welt zu schicken. Deshalb sind die Rosen aus Ecuador auch noch ganz frisch und nicht verwelkt, wenn sie in Deutschland ankommen.

Heute können die Unternehmer und Manager außerdem viel besser und schneller mit ihren Geschäftspartnern auf der ganzen Welt Kontakt aufnehmen. In den vergangenen Jahrhunderten waren sie auf Briefe und Boten angewiesen, die wochen- und monatelang unterwegs waren. Heute schreiben sie einfach eine E-Mail oder rufen an, wenn sie eine neue Ladung Rosen in Ecuador bestellen wollen. Und per Internet kann ein Firmenchef schnell eine Videokonferenz mit seinen Kollegen am anderen Ende der Welt abhalten.

So nimmt die Globalisierung ihren Lauf. Und eigentlich hat sie viele Vorteile. Ohne sie gäbe es in Deutschland keine amerikanischen Pop-Charts, keine mexikanischen Tacos und keine brasilianischen Spitzenfußballer.

Ohne Globalisierung wären einige Produkte viel teurer. Schließlich lassen viele Unternehmen ihre Güter (oder wenigstens Teile davon) in anderen Ländern produzieren, weil es dort billiger ist und sie Geld sparen können. Wenn aber die Unternehmer Geld sparen, dann werden auch die Produkte für die Kunden preiswerter. Auch die Krabben in den Supermärkten sind viel billiger geworden, seit sie in Marokko gepult werden.

Genau das hat die Globalisierung allerdings auch ins Gerede gebracht. Viele Menschen hierzulande haben einfach Angst um ihre Arbeitsplätze. Häufig berichten die Zeitungen und das Fernsehen über große Firmen, die ihre neuen Fabriken nicht in Hamburg oder München bauen wollen, sondern in weit entfernten Ländern. Neue Stahlwerke entstehen dann in Brasilien, neue Chemiefabriken in China. Meistens liegt das daran, dass die Löhne in Brasilien oder in China viel niedriger sind als in Deutschland und die Unternehmen auf diese Weise Geld sparen können. Vor allem die einfachen Tätigkeiten, für die keine lange Ausbildung nötig ist, verschwinden als Erste in diese Länder. Und weil die Menschen dort viel weniger verdienen als hierzulande, reden die Politiker oft etwas hilflos und etwas böse über jene »Billiglohnländer«.

Schließlich gibt es in Deutschland den Tarifvertrag, den die Gewerkschaftschefs und Firmenbosse miteinander ausgehandelt haben (siehe »Von Klitschen und Konzernen: Warum schimpfen Politiker über den Tarifvertrag?«). Er schreibt vor, wie viel Geld die Beschäftigten für ihre Arbeit bekommen müssen. Weniger als diesen Lohn darf ein Unternehmer in Deutschland normalerweise nicht zahlen.

Viele Chefs drohen jetzt aber, sie würden mit ihrer Firma einfach in billigere Länder übersiedeln. Damit sie das nicht tun, verlangen sie von ihren Beschäftigten, auf etwas Lohn zu verzichten. So war das auch bei Opel, einer großen, alteingesessenen Firma, die in Rüsselsheim und in Bochum Autos baut. Die Manager dachten darüber nach, ob es nicht besser wäre, die Autos in anderen Ländern zusammenschrauben zu lassen, wo die Löhne etwas günstiger sind – in Schweden beispielsweise. Sie verlangten daher, dass ihre

Mitarbeiter weniger Lohn bekommen müssten, damit das Unternehmen in Deutschland bleiben könne.

Allen Beschäftigten bei Opel hat das natürlich einen Schrecken eingejagt. Und es gibt noch viel mehr Unternehmen, die damit drohen, ihre Fabriken in andere Länder zu verlegen. Viele Menschen haben deshalb Angst vor der Globalisierung. Denn das alles könnte im schlimmsten Fall bedeuten, dass die Unternehmen vielleicht in Deutschland Beschäftigte entlassen.

Muss es aber wirklich so schlimm kommen? Oder können die Menschen sogar etwas davon haben, wenn ein Unternehmen seine Produkte nicht mehr in Deutschland, sondern in anderen Ländern herstellen lässt?

Stellen wir uns dazu einfach einmal die Bügelwäsche von Michael Schumacher vor. Mal angenommen, der Formel-1-Pilot wäre einer dieser Menschen, die am liebsten alles selber machen. Dann würde er wahrscheinlich jede Woche eine Stunde am Bügelbrett verbringen, um seine Oberhemden in Form zu bringen. Weil Schumacher ein sehr beliebter, hoch bezahlter Rennfahrer ist, hätte er in dieser Zeit natürlich auch etwas anderes machen können. Wenn er zum Beispiel die Einladung eines Unternehmens für eine Autogrammstunde angenommen hätte, dann hätte er vielleicht 1000 Euro verdient. Auf dieses Geld muss er verzichten, während er bügelt.

Es gibt aber auch eine andere Möglichkeit: Schumacher könnte seine Hemden in die Wäscherei von Frau Meier bringen. Frau Meier kann sehr gut bügeln, deshalb sieht die Bügelwäsche bei ihr immer besonders glatt und schön aus. Für eine Stunde Bügeln verlangt sie von ihren Kunden normalerweise 30 Euro. Michael Schumacher bietet ihr jetzt sogar 100 Euro an, weil seine Hemden bei Auftritten im Fernsehen und auf Partys glatt und gepflegt aussehen sollen.

Wäre es nicht klug, Schumacher würde seine Wäsche immer von Frau Meier bügeln lassen? Dafür müsste er zwar

100 Euro ausgeben, könnte in derselben Zeit aber eine Autogrammstunde geben und 1000 Euro verdienen. Schumacher hätte dann einen Vorteil von 900 Euro. Dieses Geld kann er sparen oder sich etwas Schönes dafür kaufen.

Auch für Frau Meier wäre die Vereinbarung gut. Sie verdient an Schumacher mehr als an anderen Kunden. Weil er ihr nicht nur 30, sondern 100 Euro zahlt, hat Frau Meier einen Vorteil von 70 Euro. Beide profitieren also davon, wenn der Rennfahrer seine Hemden in die Wäscherei bringt.

Mit ähnlichen Beispielen erklären die Wissenschaftler, die sich den ganzen Tag schwierige Formeln ausdenken, warum es gut sein kann, wenn Unternehmen ihre Produkte in anderen Ländern herstellen lassen als in Deutschland. Sie reden dann von »Handelsvorteilen«.

Ähnlich wie Michael Schumacher geht es auch den Firmen. Sie können oftmals Geld sparen, wenn sie ihre Güter nicht im eigenen Land, sondern im günstigeren Ausland herstellen lassen. Die Unternehmen können auf diese Weise mehr Geld verdienen. Auch Michael Schumacher hat durch die Vereinbarung mit Frau Meier schließlich einen Vorteil von 900 Euro.

Falls ein Unternehmen vorher Schwierigkeiten hatte, seine Güter zu verkaufen, so hat es jetzt vielleicht wieder mehr Erfolg. Weil es seine Güter billig im Ausland hergestellt hat, kann es sie nun günstiger verkaufen. Deshalb gehen viel mehr von ihnen über die Ladentheke als zuvor. Weil das Unternehmen jetzt mehr verdient, sind die Arbeitsplätze, die es im eigenen Land hat, sicherer geworden.

Und wenn das Unternehmen das Geld, das es verdient, in neue Maschinen investiert, dann können sogar mehr Arbeitsplätze entstehen. Der Chef von DaimlerChrysler, eines der größten Unternehmen in Deutschland, hat einmal vorgerechnet, dass durch drei neue Stellen im Ausland bisher immer ein vollwertiger Arbeitsplatz in Deutschland gezaubert worden sei. Und während es bisher vor allem einfache

Jobs wie Nähen oder Krabbenpulen sind, die in andere Länder verschwunden sind, entstehen in Deutschland vor allem spannende Jobs. Ingenieure oder Forscher müssen sich viel weniger vor Konkurrenz in anderen Ländern fürchten.

Und weil ein Unternehmen, das im Ausland produziert, seine Produkte jetzt günstiger verkaufen kann, haben auch die Kunden etwas davon. Sie sparen Geld, das sie für andere Dinge ausgeben können. Und wenn sie nur genug DVD-Player, Rennräder und Bücher kaufen, dann entstehen irgendwann auch wieder neue Arbeitsplätze im Elektrofachhandel, bei Rennrad-Herstellern und Buchverlagen. Die Folgen der Globalisierung erinnern damit an die des technischen Fortschritts: Alle Nachteile haben auch Vorteile (siehe »Menschen und Maschinen: Vernichtet der technische Fortschritt Arbeitsplätze?«).

Niemand sollte sich fürchten. Die Globalisierung wird nicht dazu führen, dass alle Arbeitsplätze aus Deutschland auswandern. Das geht auch gar nicht. Eine Menge Arbeit in Krankenhäusern, Schulen, Restaurants oder Rathäusern lässt sich sowieso nicht aus fernen Ländern erledigen. Allerdings führt die Globalisierung dazu, dass die deutschen Arbeitnehmer sich und ihre Löhne fortan immer mit den Kollegen aus anderen Ländern und deren Löhnen messen lassen müssen.

Arbeit für alle:
Ist Vollbeschäftigung möglich?

»Arbeitslosigkeit ist die größte Katastrophe im 21. Jahrhundert. Und keine Sau weiß, wie man sie beseitigen kann«, schimpfte ein zwölfjähriger Realschüler, als er in einer Umfrage für eine große Zeitschrift seine Meinung über die Arbeitslosigkeit sagen sollte.

Ein 16-jähriger Gesamtschüler erklärte den Meinungsforschern, er werde einfach nach Kanada oder Australien auswandern, wenn ihn »das schwere Los der Arbeitslosigkeit trifft«. Und ein 13-jähriger Schüler in der Orientierungsstufe fluchte bloß: »Unsere Gesellschaft ist im Arsch. Das kriegt keiner mehr hin.«

Arbeitslosigkeit regt auf. Weiß denn wirklich niemand, wie man das wieder hinkriegen, wie man Arbeitslosigkeit beseitigen kann? Ist Arbeit für alle überhaupt möglich?

Es gibt sogar ein Gesetz, in dem geschrieben steht, dass die Regierung sich darum kümmern muss, dass in Deutschland Vollbeschäftigung herrscht. Damit ist gemeint, dass möglichst alle Menschen, die arbeiten wollen, auch eine Stelle finden können. Allerdings haben die Politiker sich später eine Formulierung ausgedacht, die es ihnen ein wenig leichter macht. Jetzt müssen sie dafür sorgen, einen »hohen Beschäftigungsstand« zu sichern. Mehr nicht. Niemand glaubt nämlich, dass es tatsächlich möglich sein könnte, allen Menschen zu jeder Zeit eine passende Stelle zu verschaffen oder die Arbeitslosenquote gar auf null zu senken.

Arbeitslosigkeit wird es immer geben. Sie gehört zum Wirtschaftsleben dazu wie der Konjunkturkreislauf, Firmenpleiten, der technische Fortschritt oder Rennfahrergehälter. Es ist völlig normal, dass es Menschen gibt, die vorübergehend einen Job suchen. Vollbeschäftigung bedeutet nur, dass man nicht allzu lange warten muss, bis man wieder eine Arbeitsstelle gefunden hat. Wirtschaftswissenschaftler sprechen heute schon von Vollbeschäftigung, wenn die Arbeitslosenquote bei zwei oder drei Prozent liegt.

Das Problem ist nicht, dass Menschen arbeitslos werden – auch wenn Arbeitslosigkeit für jeden Einzelnen immer Ärger und Probleme bringt. Das Problem ist ein anderes: Wer einmal seinen Job verloren hat, der findet nur schwer wieder einen neuen.

In jedem Jahr verlieren in Deutschland fast sieben Millionen Menschen ihre Arbeitsstelle. Das lässt sich kaum ändern, so viel wissen wir inzwischen. Schuld kann ein neuer Roboter sein oder eine Konjunkturflaute, manchmal sind auch die Jahreszeiten die Ursache oder Löhne, die sich manche Firmenchefs nicht leisten können.

Ein Problem für das ganze Land wird Arbeitslosigkeit jedoch erst dann, wenn die Menschen sehr lange auf Jobsuche bleiben. Und in Deutschland, das ist bewiesen, gibt es besonders viele Menschen, die ein Jahr oder länger arbeitslos bleiben. Auch die Politiker reden viel über diese »Langzeitarbeitslosen« und wie man ihnen helfen kann. Manche Menschen finden in ihrem Leben nie wieder eine Beschäftigung, wenn sie ihre Arbeit erst einmal verloren haben.

Es gibt viele gute Vorschläge, was man gegen die Arbeitslosigkeit unternehmen kann. Leider kommen die Politiker nicht immer dazu, sie tatsächlich umzusetzen, weil sie erst so lange darüber diskutieren müssen. Aber was genau kann man eigentlich tun?

Einer ist immer dagegen: Warum ist eine Arbeitsmarktreform so schwer?

Wissenschaftler haben sich den Kopf darüber zerbrochen, was sich gegen die Arbeitslosigkeit tun lässt. Aber egal, was sie auch vorschlagen – einer ist immer dagegen. Mal beschweren sich die Politiker von der einen, mal von der anderen Partei. Mal jammern die Gewerkschaften, mal die Arbeitgeber. Und manchmal haben sogar die Arbeitslosen selbst etwas dagegen, dass sich etwas ändern soll.

Viele Wirtschaftsexperten sind davon überzeugt, dass sich erst einmal etwas bei den Arbeitslosen selbst ändern muss.

Die Politiker müssten einfach dafür sorgen, dass die Arbeitslosen sich selbst genügend um einen neuen Job kümmern. Dazu müssten die Arbeitslosen gut beraten werden und schnell erfahren, wo es neue Stellen gibt. Und man müsste dafür sorgen, dass Arbeitslose sich schnell und unkompliziert selbstständig machen können, falls es niemanden gibt, der sie einstellen möchte. Letztlich geht es dabei darum, dass Menschen, die ihren Job verloren haben, schnell wieder einen neuen finden.

Im Jahr 2002 hatte die Bundesregierung einige kluge Menschen gebeten, sich gemeinsam viele solcher Ideen auszudenken. Das war ziemlich clever – so musste die Bundesregierung sich nämlich nicht selbst mit ihren Gegnern oder den Gewerkschaften streiten. Sie überließ das Streiten einfach den Experten in der Runde. Der Chef dieser Gruppe, ein Manager eines großen Automobilunternehmens, hieß Peter Hartz. Daher nannte man die ganze Runde bald die »Hartz-Kommission«.

Die Vorschläge, die diese Kommission schließlich erarbeitete, waren neu und manchmal ein bisschen ungewöhnlich. Viele dieser Ideen gefielen dem Kanzler und seinen Ministern so gut, dass sie daraus Gesetze formten. Und was Gesetz ist, das wird gemacht.

Seither heißen die alten Arbeitsämter »Arbeitsagenturen«. Sie sollen die Arbeitslosen besser beraten, damit sie schneller einen neuen Job finden. Auch private Firmen können den Arbeitslosen dabei helfen und bekommen dafür Geld vom Staat.

Und wer keinen normalen Job findet, der kann erst einmal auch bei einer Zeitarbeits-Firma anheuern. Die bezahlt einen Lohn und verleiht ihre Schäfchen dann für ein paar Wochen oder Monate an andere Unternehmen, die dringend Aushilfen suchen. Wer seinen Job gut macht, kann danach vielleicht sogar für immer bleiben.

Außerdem können Arbeitslose jetzt ganz einfach selbst ein

Geschäft eröffnen, indem sie eine »Ich-AG« gründen. Sie zahlen dann wenig Steuern und bekommen auch noch Geld vom Staat dazu.

Nicht alle Menschen haben sich aber über die Neuerungen gefreut. Die Hartz-Gesetze haben das Leben nämlich für manche Arbeitslose etwas anstrengender gemacht.

Und das kommt so: Wer seine Arbeit verloren hat, bekommt in jedem Monat etwas Geld vom Staat, das Arbeitslosengeld. Dafür zahlt jeder Beschäftigte monatlich einen Teil seines Lohnes in die Arbeitslosenversicherung ein (siehe »Sicherheitsnetz für alle: Wofür ist die Sozialversicherung da?«). Im Notfall steht ihm dann diese Hilfe zu. Seit es aber die Hartz-Gesetze gibt, bekommen einige Menschen, die schon lange arbeitslos sind, weniger Geld als vorher. Die Regierung hofft, dass die Menschen sich dann noch mehr bemühen, schnell wieder eine Arbeitsstelle zu finden.

Die Arbeitslosen müssen sich jetzt anstrengen, um Geld vom Staat zu bekommen. Wer mehrfach Jobs ablehnt, die ihm die Arbeitsagenturen angeboten haben, der bekommt weniger Geld. Für einen neuen Job muss man sogar umziehen, wenn man keine Familie hat. Oder in einem anderen Beruf arbeiten als in dem, den man gelernt hat. Oder in einem, der nicht besonders gut bezahlt wird. Sonst kürzt der Staat die Unterstützung. All diese Neuerungen nennen die Politiker auch kurz »Hartz IV«, weil sie im vierten Teil der Hartz-Gesetze festgeschrieben wurden.

Viele Arbeitslose waren sehr wütend über Hartz IV. Einige Arbeitslosen-Gruppen organisierten gar Proteste auf den Straßen, zu denen oft mehr Menschen kamen, als zusammen in einer kleinen Stadt wohnen. Dabei halfen ihnen die Gewerkschaften, die sich über einige Vorschläge geärgert hatten. Die Gesetze wurden trotzdem beschlossen. Deswegen müssen sich alle Arbeitslosen heute schnell bemühen, wieder einen neuen Job zu finden.

Hartz IV hat aber auch viele Elemente, über die sich eigentlich niemand ärgern kann. Gerade junge Menschen nicht. Alle Frauen und Männer, die jünger als 25 Jahre und länger als ein Jahr arbeitslos sind, bekommen von den Arbeitsagenturen nämlich jetzt ein Angebot: für eine Ausbildung, eine Arbeitsstelle oder ein langes Praktikum.

Dabei gibt es nur einen Haken: Das alles funktioniert natürlich nur, wenn es auch genug Stellen für die Arbeitslosen gibt. Wie aber ist es möglich, die Nachfrage nach Arbeitskräften zu steigern? Wie können die Politiker die Unternehmen dazu bringen, neue Mitarbeiter einzustellen?

Eine Maßnahme allein wird da wohl kaum ausreichen. Und wie bei allen schwierigen Fragen sind die Politiker – und mit ihnen die Wissenschaftler – auch in dieser ziemlich zerstritten. Da gibt es die einen, die sagen, es müsse den Unternehmen möglichst gut gehen, damit sie wieder Stellenangebote in die Zeitungen drucken lassen – man müsse die »Rahmenbedingungen verbessern«, wie es heißt. Und dann gibt es die anderen, die meinen, der Staat solle den Menschen einfach viel Geld und den Unternehmen viele Aufträge geben, dann würde alles schon laufen.

Im Parlament sind es vor allem Politiker von CDU/CSU und FDP, die finden, um Arbeitsplätze zu schaffen, müsse man erst einmal dafür sorgen, dass die Unternehmen Gewinne machen. Damit liegen sie nah an dem, was auch die Präsidenten der großen Arbeitgeber- und Wirtschaftsverbände und viele Wissenschaftler in ihren Interviews sagen.

Sie erklären das so: Wenn die Unternehmen zum Beispiel wenig Steuern an den Staat abgeben müssen, haben davon alle Menschen etwas. Denn die Unternehmen haben dann mehr Geld übrig, um neue Fabriken bauen und neue Maschinen kaufen zu können – zu »investieren«, wie die Wissenschaftler sagen. Dafür werden die Firmenchefs nun mehr Mitarbeiter einstellen, denn irgendwer muss ja in den neuen Fabriken arbeiten und die neuen Maschinen bedienen. Und damit würde es immer weniger Arbeitslose geben.

Das Problem dabei ist, dass es oft sehr lange dauert, bis die niedrigeren Steuern wirken und bis Arbeitsplätze entstehen. Vor allem bei jenen Menschen, die selber nicht so viel verdienen, kommen Steuerentlastungen für die Unternehmen deshalb nicht immer gut an.

Andere Experten und die Gewerkschaften empfehlen deshalb das Gegenteil. Sie sagen, es wäre viel praktischer, wenn der Staat selbst mehr investieren und Geld ausgeben würde. Auch viele Politiker in der SPD sehen das so. Würde der Staat mehr Straßen oder Brücken bauen lassen, dann hätten Straßen- und Baufirmen mehr Aufträge. Und die könnten dann wiederum mehr Mitarbeiter einstellen.

Auch hier gibt es wieder ein Problem: Meist hat der Staat gar kein Geld, um das alles zu bezahlen. Er müsste neue Schulden aufnehmen – und auch das sieht die Bevölkerung gar nicht gern.

Es gibt aber auch Ideen, die fast gar kein Geld kosten. Einige Politiker und Wissenschaftler sagen, man müsse einfach viele Regeln auf dem Arbeitsmarkt einfacher machen oder ganz abschaffen, dann würden ganz schnell neue Jobs entstehen. Auch das wollen vor allem die Politiker von der FDP oder von der CDU/CSU.

Sie schlagen zum Beispiel vor, das Recht der Tarifverträge zu ändern, damit nicht die Gewerkschaften, sondern die Mitarbeiter in den Betrieben über die Lohnhöhe entscheiden. Oft schlagen sie auch vor, den Kündigungsschutz zu lockern, damit die Unternehmen eher bereit sind, neue Mitarbeiter einzustellen.

Wenn ein Chef einem oder mehreren Beschäftigten kündigen will, muss er nämlich bestimmte Fristen einhalten. Außerdem kann ein Chef einen Mitarbeiter nicht einfach entlassen, weil ihm seine Nase nicht passt oder weil er findet, dass sein Mitarbeiter nicht gut genug ist. Er muss viele Vorschriften einhalten. Wenn er einen Teil seiner Fabrik schließen und Mitarbeiter entlassen will, dann müssen zum Beispiel zuerst diejenigen gehen, die jung sind und keine Familie haben.

Als Schutz für die Menschen, die eine Arbeitsstelle haben und von ihrer Firma abhängig sind, funktioniert das natürlich ziemlich gut. Viele Politiker und Wissenschaftler denken aber, dass die Regeln des Kündigungsschutzes auch eine andere, eine schwierige Seite haben: dass sie nämlich Menschen, die keine Arbeit haben, daran hindern, wieder eine neue Beschäftigung zu finden. Denn wenn die Unternehmer das komplizierte Kündigungsschutz-Gesetz lesen, sagen sie sich vielleicht: »Gerade jetzt könnte ich eine Arbeitskraft gebrauchen. Aber was ist in fünf Jahren? Dann kann ich meinen neuen Mitarbeiter vielleicht nicht mehr bezahlen. Entlassen kann ich ihn aber auch nicht so einfach. Dann stelle ich lieber erst niemanden ein.«

Ob es tatsächlich etwas bringen würde, den Kündigungsschutz zu ändern, da sind sich die Experten nicht sicher. Trotzdem diskutieren die Politiker in Berlin alle paar Monate darüber, ob es nicht besser wäre, das Gesetz zu verändern. Die Gewerkschaften regen sich über diese Ideen immer sehr auf. Schließlich haben sie einst lange für diese Schutzvorschriften gekämpft. Sie haben durchgesetzt, dass die Firmenbosse nicht nach Lust und Laune Mitarbeiter entlassen dürfen. Deshalb sagen sie normalerweise: »Das geht mit uns nicht. Der Kündigungsschutz muss bleiben, wie er ist.« Die Gewerkschaften fühlen sich nämlich als Vertreter aller Menschen, die jeden Morgen zur Arbeit gehen.

Ihre Gegner greifen sie deswegen manchmal an und sagen, man müsse viel mehr an die Arbeitslosen denken. Oft werden die Gewerkschafter sogar »Betonköpfe« genannt. Die Arbeitgeber – und einige Politiker in der FDP und bei CDU und CSU – meinen, dass die Gewerkschaften sich bei zu viele Reformen quer stellen. Und in Deutschland ist es sehr schwer, eine Reform durchzusetzen, wenn die Gewerkschaften dagegen sind und Massenproteste auf den Straßen organisieren. Für Politiker, die darauf angewiesen sind, dass die Menschen sie wählen, kann das sehr unangenehm werden.

Mit der SPD dagegen verstehen sich die Gewerkschaften normalerweise ziemlich gut. Das liegt daran, dass die Partei und die Gewerkschaften dieselben Wurzeln haben. Beide haben es sich im 19. Jahrhundert zum Ziel gemacht, sich um die Arbeiter in den Fabriken und deren Rechte zu kümmern.

Deswegen ist auch der Einfluss der Gewerkschaften immer davon abhängig, welche Partei bei der letzten Wahl die meisten Wählerstimmen gewonnen hat.

Ein Bundeskanzler von der SPD, der Sozialdemokratischen Partei Deutschlands, wird wahrscheinlich immer ein bisschen genauer hinhören, was die Gewerkschaften zu sagen haben. Dann beschweren sich aber die Arbeitgeber und ihre Wirtschaftsverbände.

Ein Bundeskanzler von der CDU oder CSU würde sich vielleicht öfter mit den Arbeitgeberverbänden treffen. Aber dann wären die Gewerkschaften beleidigt.

So oder so: Arbeitsmarktreformen sind in Deutschland einfach sehr kompliziert. Einer ist nämlich immer dagegen.

Arbeitsmarkt und Lohnpolitik: Was geht mich das an?

Maya hatte nie daran gedacht, dass es sie einmal treffen könnte. Und plötzlich ist sie arbeitslos, sitzt tagsüber in ihrer Küche und liest Stellenanzeigen. Spaß macht das nicht: Jobangebote für Kameraleute beim Fernsehen sind nur selten dabei. Maya wird immer frustrierter.

Arbeit ist wichtig für die Menschen. Schon die Oma fragt ihren Enkel in der dritten Klasse: »Und? Was willst du mal werden, wenn du groß bist?« Bei Abiturpartys fragt man natürlich: »Und? Weißt du schon, was du jetzt machen willst?« Auf Studentenpartys lernt man sich mit der Frage »Und? Was studierst du so?« kennen. Und auf vielen Festen, auf denen sich Erwachsene treffen, lautet die erste Frage meist: »Und? Was machen Sie beruflich?«

Arbeit bestimmt das Leben. Und dabei geht es längst nicht nur um Geld. Es geht um Anerkennung, um Selbstbewusstsein und immer auch um Spaß. Wer lange ohne Arbeit lebt, der ist oft schlecht gelaunt und fühlt sich weniger wertvoll als Menschen mit Arbeit.

Kein Wunder, dass die meisten Menschen in Deutschland Angst vor Arbeitslosigkeit haben. Meinungsforscher haben herausgefunden, dass die Sorge um die Arbeitsstelle inzwischen schwerer wiegt als die Angst vor dem Altwerden oder vor Krieg.

Arbeitslosigkeit ist heute eine greifbare Gefahr geworden. Inzwischen kennt fast jeder Freunde oder Bekannte, die eine Stelle suchen. Und fast in jeder Klasse gibt es Schüler, deren Eltern keine Arbeit haben. Manchmal leiden die Kinder darunter, oft haben nämlich gerade Arbeitslose mit Kindern Geldsorgen.

Kein Wunder, dass sich vor allem Jugendliche um ihre Zukunft sorgen, schließlich suchen in fast jedem Jahr Tausende von ihnen vergeblich eine Lehrstelle. Zumindest das ändert sich in den nächsten Jahren: Weil es nicht mehr so viele Kinder gibt, findet bald wahrscheinlich jeder, der es möchte, eine Lehrstelle. Und das ist eine gute Nachricht, oder?

Trotzdem kann Arbeitslosigkeit jeden einmal treffen. Aber diejenigen, die etwas dagegen tun, müssen sich nicht allzu viele Sorgen machen. Wie das geht?

Erst einmal mit der Berufswahl. Gute Mitarbeiter sind für die Firmen immer wichtiger als weniger gute. Und in einem Beruf ist man meistens dann gut, wenn man Spaß daran hat.

Jeder sollte sich also genau überlegen, an welchem Beruf er besonders viel Freude hat.

Und je besser dann die Berufsausbildung, desto geringer ist die Gefahr, irgendwann einmal arbeitslos zu werden oder es lange zu bleiben. Das fällt schon beim Blick auf die Zahlen auf: Gut ein Drittel aller Arbeitslosen hat gar keine abgeschlossene Berufsausbildung, manchmal nicht mal einen Schulabschluss. Und bei denjenigen, die keine Ausbildung haben, ist die Gefahr am größten, arbeitslos zu werden oder zu bleiben.

Andersherum ist die Gefahr, arbeitslos zu werden, besonders niedrig, wenn Schüler fleißig sind, gute Noten haben und womöglich das Abitur machen. Wer eine Ausbildung abschließt, kann sich ziemlich sicher fühlen. Und wer sogar eine Fachhochschule oder eine Universität besucht, wird normalerweise seltener arbeitslos.

Bildung ist also wichtig – und daher ist es der beste Schutz vor Arbeitslosigkeit, neugierig zu sein, sich immer weiter zu bilden. Ein Leben lang. Das Lernen wird mit der Schule nicht aufhören. Schließlich führen Computer und Maschinen, der technische Fortschritt also, dazu, dass Jobs von heute morgen schon wegfallen. Dafür entstehen aber mehr Jobs, für die eine gute Ausbildung oder sogar ein Studium nötig sind.

Viele Großmütter oder Großväter haben ein Leben lang in der gleichen Firma gearbeitet. Eine Welt, in der man ein Leben lang den gleichen Job in der gleichen Stadt macht, wird es bald vielleicht nicht mehr geben. Aber wer bereit ist, sich zu verändern, neugierig zu sein und Neues auszuprobieren, der muss Arbeitslosigkeit nicht fürchten.

Maya, die in Berlin wohnt, will jetzt umziehen. In München werden Kameraleute gesucht.

2
Steuern und Staatsverschuldung

Vater Staat und seine spendablen Kinder: Was sind eigentlich Steuern?

Hurra! Maya ist überglücklich. Endlich hat sie wieder einen Job gefunden. Ein großer bayerischer Sender hatte in der Zeitung eine Anzeige geschaltet, weil er Kamerafrauen und Kameramänner suchte. Maya schrieb sofort eine Bewerbung – und hatte Glück. Seit ein paar Wochen filmt sie jetzt wieder regelmäßig für die Nachrichten und für eine Casting-Show.

Zwar musste Maya dafür von Berlin nach München umziehen, aber das war gar nicht so schlimm. Seit Maya jeden Tag in den Sender geht, hat sie schon viele neue Freunde gefunden. Manchmal fahren sie sogar am Wochenende zusammen zum Klettern in die Berge.

Jetzt hat Maya auch wieder genügend Geld, um ihre Freunde zum Pizza-Essen einzuladen. Schließlich zahlt der Sender gut. 3000 Euro brutto verdient Maya jeden Monat. Das klingt ziemlich viel – und schon beim Vorstellungsgespräch hat sie sich darüber gefreut.

Als der erste Arbeitsmonat vorüber ist, sitzt Maya aufgeregt vor dem Computer, um im Internet ihren Kontostand anzuschauen. Eigentlich müsste der Sender schon längst ihren Lohn überwiesen haben ... tatsächlich. Das Geld ist da. Und nun sieht Mayas Konto bei der Bank auch schon viel praller gefüllt aus als zuvor. Besonders viel aber ist vom Bruttolohn nicht übrig geblieben. Nur etwas mehr als 1700 Euro stehen auf der Haben-Seite mit dem Hinweis »Gehalt«. So macht der Blick auf den Kontostand doch nicht ganz so viel Spaß wie vermutet. Netto ist von Mayas Arbeitslohn viel weniger übrig geblieben.

Und das kommt so: Zum einen hat der Fernsehsender von Mayas Bruttolohn ihre Beiträge für die Sozialversicherung abgezogen (siehe »Beitrag mit eingebauter Bremse: Was kosten Renten- und Krankenversicherung?«). Mehr als 600 Euro macht das insgesamt aus. Jeden Monat muss Maya nämlich – wie jeder andere Arbeitnehmer auch – Geld in einen Topf einzahlen. Als Absicherung. Wer kein Geld verdienen kann, weil er arbeitslos, alt oder krank wird, bekommt Geld aus diesem Topf. So muss niemand in Not geraten.

Zum anderen hat der Fernsehsender automatisch schon alles Geld weitergeleitet, das Maya beim Finanzminister abliefern muss: die Steuern. Auch sie machen insgesamt mehr als 600 Euro aus. Und damit Maya die Steuern nicht selber beim Finanzamt einzahlen muss, hat der Fernsehsender Mayas Steuern einkassiert und an das Finanzamt überwiesen.

So kommt es also, dass von Mayas Bruttolohn nur etwas mehr als 1700 Euro übrig geblieben sind. Natürlich findet Maya das schade. Sie weiß aber auch, dass Steuern zum Staat dazugehören wie die Kamera zur Kamerafrau. Warum aber zahlen die Menschen überhaupt Steuern?

Überall da, wo Menschen in einer Gemeinschaft zusammenleben, gibt es Dinge, die alle brauchen und die jeder allein niemals bezahlen könnte. An der Küste zum Beispiel benötigen die Menschen Deiche, um sich vor Überschwemmungen zu schützen. Und überall im Land wollen die Menschen Straßen und Autobahnen, damit sie von einem Ort zum anderen fahren können. Aber einen Deich oder eine Autobahn kann niemand allein von seinem Geld bauen. Deshalb kümmert sich der Staat darum, schließlich ist er ja nichts anderes als die Gemeinschaft aller Bürger.

Zum Staat gehören die Regierung und die Politiker, die von den Bürgern ins Parlament gewählt wurden, die Beamten und Angestellten, die in Rathäusern oder Finanzämtern arbeiten, die Soldaten und die Polizisten. Und sie alle haben viel zu tun.

Denn der Staat sorgt für Schulen und Universitäten. Er baut Straßen und Flughäfen, Schwimmbäder und Sportplätze. Er kümmert sich darum, dass die Feuerwehr Brände löscht und dass im Ernstfall Soldaten das Land verteidigen können. Er unterstützt Arbeitslose und Alte. Er hilft Menschen, die nicht selber für sich sorgen können, und bezahlt sogar für die Wohnung, wenn eine Familie nur wenig oder gar kein Einkommen hat.

Das alles kostet Geld. Viel Geld sogar. Deshalb verlangt der Staat Steuern von seinen Bürgern und den Unternehmen. Weil der Finanzminister über den Geldbeutel des Staates wacht, kann er bestimmen, wie hoch die Steuern sein sollen. Das darf übrigens nicht nur der Finanzminister des Bundes in Berlin. Auch die Länder und alle Städte verlangen Geld von ihren Einwohnern.

Jeder Bürger zahlt Steuern, ob er will oder nicht. Einige Steuern bemerkt man sofort. Wer wie Maya eine Arbeitsstelle hat, der sieht in jedem Monat, wie viel Steuern ihm vom Lohn abgezogen werden. Es gibt aber auch Steuern, die unsichtbar sind. Sie verstecken sich in ganz normalen Preisen – für Kaugummi, für eine CD, für jedes Buch und für jede Kugel Eis.

Wenn Maya zum Beispiel eine Pizza isst, dann zahlt sie darauf Steuern, auch wenn ihr das vielleicht nicht schmeckt. Immer dann, wenn jemand in Deutschland etwas kauft, zahlt er eine Steuer, die Mehrwertsteuer. Auf der Speisekarte in der Pizzeria findet sich diese Mehrwertsteuer nicht sofort. Da steht nur, dass die teuerste Pizza, die mit seltenen Muscheln gebacken wird, zehn Euro kostet. In diesen zehn Euro steckt aber auch schon die Mehrwertsteuer. Pedro – so heißt der Chef von Mayas Lieblingspizzeria in München – hat die Steuern schon in seine Preise eingerechnet. Steuern schmälern nämlich seinen Gewinn. Deshalb versucht er, die Ausgaben wieder hereinzubekommen, indem er die Pizza entsprechend teurer macht. Ohne Steuern müsste Maya für ihre Pizza also weniger bezahlen.

Und weil Pedro ein besonders geschickter Geschäftsmann ist, hat er wahrscheinlich auch andere Steuern in den Preis mit eingerechnet. Schließlich gibt es unglaublich viele Steuern. So müssen Gastwirte und Pizzeria-Besitzer in einigen Städten eine »Schankerlaubnissteuer« zahlen, damit sie überhaupt Getränke und Essen an ihre Gäste verkaufen dürfen. Jedes Unternehmen, auch jede kleine Pizzeria, muss außerdem eine Gewerbesteuer zahlen. Und vielleicht hat Pedro in den Preis seiner Pizzen sogar die Steuern eingerechnet, die er auf sein Haus und sein Grundstück zahlen muss.

Steuern stecken überall. Auch wenn sie sich gern verbergen.

Geld stinkt nicht: Wer hat sich die Steuern ausgedacht?

Vor fast 2000 Jahren, im ersten Jahrhundert nach Christi Geburt, regierte ein Kaiser namens Vespasian das Römische Reich. Der Herrscher war knapp bei Kasse, weil die Feldzüge und Feste seiner Vorgänger ziemlich viel Geld verschlungen hatten. Eines Tages rief Vespasian seine klügsten Berater zu sich, denn er hatte eine ungeheuerliche Idee.

Als alle versammelt waren, räusperte sich der Kaiser und sprach: »Wie wäre es, verehrte Anverwandte und Senatoren, wenn wir eine Abgabe auf alle öffentlichen Bedürfnisanstalten einführen würden?« Dieser Steuer könne schließlich kaum ein Römer entgehen. Jeder müsse irgendwann einmal das stille Örtchen aufsuchen.

Die kaiserlichen Berater kratzten sich nachdenklich am Kopf und hüstelten verlegen. Sie schwiegen ziemlich lange. »Eine Klo-Steuer, verehrter Kaiser?«, fragte schließlich Titus, der Sohn Vespasians. »Ist das nicht ein wenig ... wie soll ich sagen ... anrüchig?« Die anderen schauten betroffen zu Boden. Es kam selten vor, dass jemand es wagte, dem Kaiser zu widersprechen.

»Ach papperlapapp«, entgegnete Vespasian und zog einige Münzen aus einem Beutel. Reihum hielt er sie seinen Kritikern unter die Nase. »Pecunia non olet«, sagte er und grinste. »Geld stinkt nicht.«

Schon die alten Römer kannten also Steuern. Und sie waren nicht die ersten Steuereintreiber. Bereits vor 5000 Jahren zahlten die Bauern im alten Mesopotamien, wo heute der Irak und Syrien liegen, eine Abgabe auf ihre Ernte. Meistens handelte es sich dabei allerdings um »Ehrengaben« an die Herrschenden, die freiwillig gezahlt wurden.

Das funktionierte jedoch nicht immer. Manchmal waren die Untertanen störrisch und verweigerten die Zahlung. Deshalb gingen die Kaiser und Könige im frühen Mittelalter dazu über, das Zahlen von Steuern zur Pflicht zu machen.

Vor mehr als 1200 Jahren etwa bestimmte Karl der Große, dass Bauern und Jäger fortan den zehnten Teil ihrer Ernte oder ihrer Beute bei Hofe abzuliefern hatten. Wer zehn Kälber hatte, musste eines davon dem König überlassen. Wer fünf Säcke Rüben geerntet hatte, musste einen halben abgeben. Diese Steuern sollten zunächst den Kirchen zugute kommen. So entstand der Zehnt.

Die Untertanen brachten meistens kein Bargeld vorbei, sondern Naturalien. An jenen Tagen, an denen die Abgaben gezahlt werden mussten, ging es auf den Burgen der Adligen zu wie sonst nur auf dem Wochenmarkt. Da gab es Viehzüchter, die Milchkühe und Ziegen hinter sich herzerrten. Andere Bauern schleppten einen Sack Korn. Manche Jäger versuchten, mit einem erlegten Reh auf den Schultern das Gleichgewicht zu halten. Einige Fürsten ließen ihre Untertanen sogar Hundekuchen für die Hofdackel backen. Andere Landeskinder, die kein Vieh und keinen Acker besaßen, brachten einfach ihre Handwerkskunst bei Hofe ein. »Hand- und Spanndienste« nannte sich so etwas.

Aus dieser Zeit stammt auch der Name für die Zwangsabgabe. Das Wort Steuer ist aus dem alten Wort »stiura«

entstanden. Damit war damals eine Stütze oder eine Hilfe gemeint. Das klingt so, als ob der Staat mit den Einnahmen seinen Bürgern helfen wollte. Ganz so edel waren die Gründe für die ersten Steuern in Wahrheit allerdings nicht. Es war genau andersherum: Die Steuern stützten die Herrschenden.

Oft nutzten die Landesherren das Geld, um ihr Schloss, ihre Gelage, Hofnarren und Kammerdiener finanzieren zu können. Dabei waren die Könige und Fürsten sehr erfinderisch. Die Untertanen mussten für alles aufkommen, was ihre Herrschaft so trieb. Sie mussten das Ehrenmahl beim Ritterschlag des fürstlichen Sohnes oder die Hochzeit der Prinzessin bezahlen. Und wenn der Landesfürst bei einem Feldzug gefangen genommen worden war, dann mussten sie das Lösegeld aufbringen.

Ein paar Jahrhunderte entwickelten die mächtigen Städte eigene Steuern, wie wir sie heute kennen. Meistens ging es darum, Dinge zu besteuern, die die Menschen in ihrem täglichen Leben brauchen. So führten einige Städte im 15. Jahrhundert ein »Ungeld« auf Lebensmittel ein. Sie erhoben also eine Steuer auf Getränke und Nahrungsmittel. Andere Städte erfanden eine Steuer auf Kerzen – den »Wachszehnt«.

Irgendwann fiel den Menschen aber auf, dass es den Armen besonders schwer fällt, Steuern auf Lebensmittel und andere unverzichtbare Dinge zu bezahlen. Jede Familie musste Milch und Brot kaufen – ob sie nun 10 Silberlinge oder 1000 Silberlinge besaß. Wer aber nur wenig Geld hatte, den traf eine Steuer auf so unverzichtbare Güter ungleich härter. Schließlich konnte ihr niemand ausweichen. Milch und Brot brauchte jeder.

Im 19. Jahrhundert erdachten kluge Menschen daher eine andere Steuerart. Es sei doch viel gerechter, die Silberlinge, die jemand im Monat verdient, und sein Vermögen zu besteuern, statt Brot und Milch. Aus dieser Zeit stammt die Idee für unsere heutige Einkommen- oder Lohnsteuer.

Von Autoreifen und Bananen:
Welche Steuern gibt es überhaupt?

Auf der ganzen Welt zeigt sich der Erfindungsreichtum der Mächtigen, wenn es um neue Steuern geht. In Japan haben sich die Politiker eine Büroraumsteuer ausgedacht, in Portugal eine Steuer auf Zahnpasta. Die Iren müssen eine Steuer auf Autoreifen bezahlen und die Italiener eine Steuer auf Bananen.

Aber auch die deutschen Finanzminister können sich jeder Menge Einfälle in Sachen Steuern rühmen. Sie haben sich ausgedacht, dass die Menschen eine Steuer auf jedes Bier zahlen, das sie trinken, oder auf jeden Hund, den sie sich halten. Sogar auf das Vergnügen müssen die Deutschen Steuern zahlen. Vater Staat hält jedes Mal die Hand auf, wenn seine Bürger ins Kino gehen oder im Kasino Roulette spielen.

Am meisten Geld nimmt der Staat in Deutschland allerdings mit der Umsatzsteuer ein. Sie ist auf den ersten Blick versteckt, weil sie immer dann fällig wird, wenn jemand in Deutschland irgendein Gut oder eine Dienstleistung kauft. Anfang 2005 betrug sie 16 Prozent. Mit ein paar Ausnahmen: Auf Lebensmittel und Bücher zum Beispiel muss man nur sieben Prozent Umsatzsteuer bezahlen.

Und so funktioniert das: In einem Geschäft entdeckt Maya eine kunterbunte Kerze, die sie unbedingt kaufen möchte. »1,16 Euro« steht auf dem Preisschild. Wenn Maya nun an der Ladentheke bezahlt, bezahlt sie eigentlich nur einen Euro für die Kerze selbst. 16 Cent Umsatzsteuer gehen an den Staat. Auch wenn Maya davon gar nichts merkt. Der Geschäftsinhaber muss die Umsatzsteuer mit dem Finanzamt abrechnen.

Wie aber ist die Kerze entstanden? Am Anfang war der Docht. Dieser Faden und das Wachs haben für jede Kerze gerade mal zehn Cent gekostet. Erst die Kerzenfabrik hat daraus Kerzen geformt. Für 50 Cent pro Stück hat sie ihre Produkte an das Geschäft verkauft. Am Ende bieten die Verkäufer im Laden die Kerze zum Preis von einem Euro (plus 16 Cent für die Mehrwertsteuer) an. Insgesamt ist also mehr an Wert entstanden: ein Euro für die ganze Kerze statt zehn Cent für Docht und Wachs. Deshalb sprechen viele Leute nicht nur von »Umsatzsteuer«, sondern auch von »Mehrwertsteuer«. Sie meinen aber dasselbe.

Auch untereinander stellen sich die Dochthersteller, Kerzenfabrikanten und Geschäftsinhaber die Umsatzsteuer in Rechnung. Sie können sie aber immer wieder miteinander verrechnen. Das ist ziemlich kompliziert und am Ende kommt dabei doch wieder heraus, dass Maya die Steuern für jede Kerze zahlt. Und je mehr Maya einkauft, desto mehr Steuern gehen an den Staat.

In Deutschland gibt es viele solcher Verbrauchsteuern, die davon abhängig sind, welche Menge von etwas der Steuerzahler verbraucht. Jeder Autofahrer zahlt an der Tankstelle Steuern, wenn er Benzin kauft. Die Mineralölsteuer wird auf jeden Liter Sprit fällig. So ähnlich funktioniert auch die Tabaksteuer, die ein Raucher für jede Zigarette zahlt, die er sich anzündet, oder die Kaffeesteuer auf jede Tasse Kaffee.

Die Verbrauchsteuern allein reichen aber nicht aus, um alle Schulen, Straßen oder Deiche bezahlen zu können. Deshalb verlangt der Staat nicht nur Steuern auf all das, was die Menschen ausgeben. Er besteuert auch alles, was sie verdienen – wie das Einkommen von Maya. So ist die Einkommensteuer zur Zeit die zweitwichtigste Einnahmequelle für den deutschen Staat. Je mehr jemand verdient, desto mehr Steuern muss er auch bezahlen (siehe »Steuern und Gerechtigkeit: Was gibt es zu verteilen?«).

Weil die meisten Menschen ihr Leben finanzieren, indem sie für eine Firma arbeiten und dafür von ihrem Chef allmonatlich einen Lohn bekommen, heißt die Einkommensteuer oft auch »Lohnsteuer«.

Nicht nur die Bürger profitieren von Schulen, Straßen oder Deichen, sondern auch die Unternehmen. Deshalb müssen auch sie Geld an den Staat abgeben. Wie viel Steuern sie zahlen müssen, hängt auch bei Unternehmen in gewisser Weise vom Einkommen ab.

Die Kerzenfabrik zum Beispiel hat im Monat Kerzen für 100 000 Euro an einige Geschäfte verkauft. Nachdem der Firmenchef die Rechnungen für Wachs und Kerzendochte bezahlt, seine Maschine repariert und die Löhne für seine Mitarbeiter überwiesen hat, bleiben ihm 15 000 Euro. Nur auf diesen Gewinn muss die Kerzenfabrik Steuern zahlen. Wenn ein Unternehmen gar nichts verdient, muss es auch keine Steuern zahlen.

Allerdings gibt es verschiedene Steuerarten für Unternehmen.

Der Metzger von nebenan oder der Chef eines kleinen Kerzengeschäftes zahlt normalerweise Einkommensteuer wie Maya auch. Aktiengesellschaften (AGs), die an den Börsen notiert sind, oder ein paar spezielle Unternehmensarten (GmbHs) nennt man auch »Körperschaften«. Oft handelt es sich dabei um größere oder ganz große Unternehmen. Sie zahlen an den Staat eine besondere Steuer, die Körperschaftsteuer.

Steuern und Gerechtigkeit: Was gibt es zu verteilen?

Manche Politiker benehmen sich wie Robin Hood, der Rächer von Sherwood Forest. Sie wollen den Reichen nehmen und den Armen geben. Dazu müssen sie heute allerdings nicht mehr in dunklen Wäldern darauf lauern, dass ein Graf mit prallem Portemonnaie vorbeireitet, um es ihm zu nehmen. Das lohnt heute kaum noch und ist obendrein strafbar. Nein, die Politiker erlassen ganz einfach Steuergesetze. Und das ist garantiert legal.

Wie das geht? Steuern sind heute nicht nur dazu da, Einnahmen für den Staat zu beschaffen, damit er neue Schulen und Straßen bauen kann und genug Geld für Krankenhäuser und Soldaten hat. Steuern sollen auch dafür sorgen, dass Menschen mit wenig Einkommen etwas mehr zum Leben bleibt und dass Menschen mit ganz hohem Einkommen dafür etwas mehr abgeben müssen. Denn wenn es um Steuern geht, geht es immer auch um die Gerechtigkeit in einem Land.

Zwei Menschen, die gleich viel verdienen, müssen natürlich gleich viel Steuern zahlen, damit sich niemand unfair behandelt fühlt und sich beschwert. Wer jedoch weniger verdient als andere, zahlt viel weniger an den Staat. Auch wer Kinder hat, zahlt weniger Steuern als Menschen ohne Kinder, schließlich muss er von seinem Einkommen auch den Nachwuchs ernähren. Und das ist nicht ganz billig. Es gibt sogar Menschen, die so wenig Geld haben, dass sie überhaupt keine Steuern zahlen müssen, weil sie sonst nicht mehr genug für das Nötigste zum Leben hätten. Andersherum funktioniert das allerdings auch: Wer mehr verdient als andere, muss auch mehr Steuern zahlen. Sehr viel mehr sogar.

Um zu verstehen, wie das funktioniert, beobachten wir drei gefiederte Brüder aus Entenhausen: Tick, Trick und Track, die Neffen eines gewissen Donald Duck.

Gerade haben die Ferien begonnen und alles könnte so schön sein: ausschlafen, die Sonne genießen und nebenbei das Taschengeld aufbessern. Tick, Trick und Track wollen eine Woche lang jobben. Sie dürfen im Geldspeicher von Großonkel Dagobert die Goldstücke polieren. Für jede Schubkarre, die sie putzen, hat Dagobert einen Taler versprochen. Und es gibt jede Menge Goldstücke in Großonkel Dagoberts Geldspeicher.

Dagobert Duck ist Multi-Milliardär und kann sich zur Entspannung nichts Schöneres vorstellen als ein Bad in seinen glitzernden Reichtümern. Allerdings gehört Dagobert zu den weltgrößten Geizkragen. Er ist sogar so geizig, dass er auch seinen drei kleinen Großneffen gelegentlich Geld abknöpft.

Und so hätten Tick, Trick und Track gleich misstrauisch werden sollen, als Dagobert vorschlug, sie könnten während ihres Ferienjobs bei ihm im Geldspeicher wohnen. »Damit ihr morgens schneller am Einsatzort seid«, hatte er am Telefon gesagt.

Kaum haben die drei Neffen Dagoberts Geldspeicher betreten, glimmen kleine Dollarzeichen in den Augen des Großonkels auf. »An die Arbeit mit euch, marsch, marsch!«, schnattert Dagobert. »Ihr wisst ja: Für jede Schubkarrenladung mit Goldmünzen, die ihr geputzt habt, bekommt ihr einen Taler. Und ach … ehe ich es vergesse: Da ihr nun bei mir wohnt, sorge ich für Würstchen, Sprudel und drei Luftmatratzen. Das kostet mich natürlich viel Geld. Deswegen muss ich euch mitteilen, dass ich von eurem Lohn eine Abgabe einbehalten werde. Ich denke, das ist nur fair.«

Entgeistert blicken Tick, Trick und Track sich an. »Was ist das denn für eine dämliche Idee, Onkel Dagobert?«, stöhnt Tick.

»Regt euch nicht auf, Kinder. Hört mir erst einmal zu«, erklärt Dagobert. »Ich will euch doch nicht übervorteilen. Jeder soll nur so viel Geld abgeben, wie er sich leisten kann. Wer von euch in dieser Woche 100 Entenhausen-Taler verdient, der darf alles behalten und muss gar nichts abgeben. Ich bin doch kein Unmensch!

Wer allerdings mehr als 100 Taler verdient, muss mir von jedem zusätzlichen Taler 15 Cent abgeben.

Und wer mehr als 200 Taler verdient, gibt mir von jedem zusätzlichen Taler 30 Cent. Denn wer sich so anstrengt, der hat zur Stärkung wahrscheinlich besonders viel Würstchen gegessen und Sprudel getrunken. Alles klar?«

»Mir ist schon ganz schwindelig«, murmelt Tick. »Eine Frechheit«, sagt Trick beleidigt. »Ausbeutung!«, raunzt Track. Doch Großonkel Dagobert hört schon gar nicht mehr zu. Er klettert auf sein Sprungbrett, wippt zweimal auf und ab und stürzt sich mit einem Kopfsprung in einen Haufen Goldmünzen. »Viel Spaß, Kinder!«, prustet er, als er wieder auftaucht.

Die Tage ziehen schnell vorüber. Tick, Trick und Track sind über die Zwangsabgabe zwar nicht glücklich. Wenn sie ihr Taschengeld aufbessern wollen, haben sie aber keine Wahl.

Am Ende der Woche vergleichen sie ihre Einnahmen. Track hat 100 Schubkarren voll Goldmünzen poliert und damit genau 100 Entenhausen-Taler verdient. Er muss also gar nichts von seinem Lohn an Onkel Dagobert abgeben, die ersten 100 Taler sind schließlich abgabenfrei. Und mehr will Track auch gar nicht. »Ich bin doch nicht doof und werfe dem alten Geizhals noch Geld hinterher«, sagt er.

Trick hat sich etwas mehr ins Zeug gelegt, weil er für eine Gitarre spart. Er hat während der Woche 200 Schubkarren voller Goldmünzen poliert. Macht also 100 Taler für die ersten 100 Schubkarren, wovon er nichts abgeben muss. Und noch einmal 100 Taler für die zweiten 100 Schubkarren. Davon muss er allerdings 15 Taler an Onkel Dagobert abgeben. Von 200 Talern, die er verdient hat, darf Trick also insgesamt 185 Taler behalten.

Tick hat sich besonders angestrengt, weil er sich ein neues Fahrrad kaufen will. 300 Schubkarren-Ladungen hat er geputzt. Macht also 100 Taler Lohn für die ersten 100 Schubkarren, ganz ohne Abgaben. Dann noch einmal 100 Taler Lohn für die zweiten 100 Schubkarren, wovon er 15 Euro abgeben muss. Obendrauf kommen jetzt nochmal 100 Taler für die dritten 100 Schubkarren. Davon muss er allerdings 30 Taler abgeben. Tick muss also 45 Taler (15 plus 30) an Großonkel Dagobert zahlen und darf selber 255 Taler (300 minus 45) behalten. Er hat am meisten von den drei Brüdern verdient, zahlt aber auch am meisten Abgaben.

Am Ende der Woche ist Großonkel Dagobert selig. Seine Goldmünzen funkeln wie die Kronjuwelen. »Gut gemacht, Jungs«, sagt er. »Und ganz nebenbei habt ihr auch gelernt, wie das ist, wenn man Steuern zahlt.«

Genau wie Onkel Dagoberts eigenartige Idee funktioniert auch die Einkommensteuer. Wer viel verdient, muss einen größeren Teil seiner Einnahmen an den Staat abgeben. Der Steuersatz steigt, je höher das Einkommen ist. Im Jahr 2005 zum Beispiel zahlt jemand, der wenig verdient, auf jeden Euro, den er zusätzlich verdient, nur 15 Cent Steuern. Wer allerdings sehr viel verdient, zahlt auf jeden zusätzlichen Euro im Höchstfall sogar 42 Cent Steuern – den Spitzensteuersatz. Und zwischen 15 und 42 Prozent steigt der Steuersatz in unendlich vielen Trippelschrittchen.

Diese kleinen Schrittchen tragen sogar einen Namen. Die Politiker benutzen oft das Fremdwort von der »Steuerprogression«. Progression kommt aus dem Lateinischen und bedeutet, dass etwas sich allmählich steigert.

Die unterschiedlichen Steuersätze sollen dafür sorgen, dass das Einkommen zwischen den reicheren und den ärmeren Menschen umverteilt wird. Klar: Wenn die Menschen, die viel verdienen, von ihrem Einkommen mehr Geld abgeben müssen als die Menschen, die wenig verdienen, dann werden sich ihre Einkommen etwas ähnlicher. Auf diese Weise will der Finanzminister Neid vermeiden und für sozialen Frieden sorgen.

Wohlhabendere Menschen haben schließlich auch mehr Nutzen von den Leistungen des Staates. Einige Wissenschaftler erklären das anhand der Polizei. Wer viel besitzt und sein Wohnzimmer mit teuren Gemälden bekannter Maler schmücken kann, der hat auch viel davon, wenn Polizisten für Sicherheit sorgen und sein Haus vor Einbrechern schützen. Er hat ja auch mehr zu verlieren (teure Gemälde nämlich) als ein ärmerer Mensch. Deswegen sei es auch nur fair, wenn reiche Menschen mehr Steuern zahlen, denn die Polizei braucht Steuergelder, damit sie arbeiten kann. Das gilt natürlich auch für die Feuerwehr, die das Eigentum vor Bränden schützt, für die Soldaten, die das Land verteidigen, oder für die Gerichte, die den Menschen zu ihrem Recht verhelfen sollen.

Das Lenkrad des Finanzministers: Können die Politiker mit Steuern steuern?

Steuern – das klingt nicht nur nach Geld. Das klingt irgendwie auch nach Lenkrad und Kapitän. Vielleicht ist das auch gar nicht so weit hergeholt. Wenn der Finanzminister die Steuern festlegt, kann er damit auch die Menschen steuern?

Nun, zumindest versucht er das. Wenn sich der Finanzminister Gedanken über die Steuern macht, dann will er nicht nur die Kassen füllen oder das Einkommen umverteilen. Er möchte außerdem das Verhalten seiner Bürger beeinflussen. Wenn die Minister und der Kanzler die Bürger zu einem bestimmten Verhalten bewegen wollen, dann versuchen sie das gern über Steuern.

Zum Beispiel mit der Tabaksteuer. Rauchen schadet bekanntlich der Gesundheit. Oft kann der Zigarettenqualm sogar tödlich sein. Daher erhebt der Finanzminister eine Steuer auf jede Zigarette, die verkauft wird. Diese Tabaksteuer macht das Rauchen teuer – und genau das bezweckt der Finanzminister auch. Er hofft darauf, dass viele Menschen das Rauchen aufgeben, weil es ihnen schlicht zu teuer wird.

Andere Steuern wiederum sollen die Bürger dazu bringen, sich möglichst umweltbewusst zu verhalten. Eines dieser staatlichen Ziele ist, dass die Menschen wenig Auto fahren und wenig Benzin verbrauchen. Wenn es weniger Verkehr gibt, dann wird die Umwelt weniger mit Schadstoffen verschmutzt. Deshalb hat der Staat etwa die Ökosteuer eingeführt. Wer für einen Euro Benzin tankt, der zahlt über die Ökosteuer und die Mineralölsteuer mehr als zwei Drittel davon an den Staat.

Einige Politiker würden die Ökosteuer allerdings gern wieder abschaffen, weil sie glauben, dass sie den Unternehmen schadet. Das geht aber gar nicht so einfach. Schließlich hat der Finanzminister die Milliarden, die ihm die Ökosteuer jedes Jahr bringen, längst anderweitig verplant. Er braucht sie, um die Renten für die älteren Menschen bezahlen zu können. In den Umweltschutz fließt das Geld aus der Ökosteuer jedenfalls kaum. Und wer genau hinsieht, bemerkt, dass auch die Gelder aus der Tabaksteuer gar nicht dazu benutzt werden, Nikotinsüchtige vom Rauchen abzubringen. Das geht deshalb, weil der Staat den Bürgern schließlich keine Gegenleistung versprechen muss, wenn er ihnen Steuern abnimmt.

Viele Wissenschaftler glauben den Finanzpolitikern daher gar nicht, dass sie die Menschen mit den Steuern ernsthaft vom Autofahren oder Rauchen abbringen wollten. Wenn die Menschen wirklich weniger Auto führen oder rauchten, dann würde dem Finanzminister nämlich Geld fehlen und er müsste sich wieder neue Steuern ausdenken.

Hoch, höher, am höchsten: Können Steuern zu hoch sein?

Staat müsste man sein. Dann hätte man nie mehr Geldsorgen, müsste nie mehr jobben gehen oder um Taschengeld feilschen. Für einen Finanzminister muss es doch ziemlich leicht sein, mit Geld umzugehen. Immer dann, wenn er Geld braucht, denkt er sich neue Steuern aus oder erhöht die alten und »simsalabim« strömt jede Menge Geld in seine Schatzkammer. Oder etwa nicht?

Ganz so einfach ist die Sache leider nicht. Finanzminister sind auch nur Politiker. Und die ganze Regierung ist davon abhängig, dass sie bei der nächsten Wahl wiedergewählt wird. Wer jedoch von den Bürgern geliebt werden will, der muss die Steuern senken. Steuererhöhungen dagegen sind überhaupt nicht beliebt, im Gegenteil.

Seit jeher ärgern die Menschen sich fürchterlich, wenn sie das Gefühl haben, der Staat wolle ihnen zu viele Steuern abknöpfen. Schon vor fast 2000 Jahren erregten sich die Römer über Vespasians Klo-Steuer. Vor mehr als 200 Jahren warfen wütende Amerikaner an der Ostküste kistenweise Tee ins Meer, weil sie die Tee-Steuern viel zu hoch fanden. Später ging dieser Aufstand als »Boston Tea Party« in die Geschichte ein. Und auch heute beschäftigen sich Zeitungen und Fernsehsendungen ständig mit der Frage, ob die Steuern in Deutschland zu hoch seien oder nicht.

Niemand kann auf eine so kniffelige Frage eindeutig mit »Ja« oder »Nein« antworten. Natürlich braucht der Staat genug Geld, um Straßen, Schulen und Krankenhäuser zu bauen. Andererseits brauchen auch seine Bürger genug Geld, um ihr Leben finanzieren zu können. Und sie müssen das Gefühl haben, dass es sich lohnt zu arbeiten.

Das ist so ähnlich wie bei Tick, Trick und Track. Track hat nur 100 Schubkarren-Ladungen voller Goldmünzen poliert. Er hat gar nicht versucht, mehr als 100 Taler zu verdienen, weil er keine Lust hatte, so viele Taler seines Lohnes an den geizigen Großonkel Dagobert abzugeben – »ihm hinterherzuwerfen«, wie Track selbst gesagt hat.

So ähnlich denken auch viele Wirtschaftswissenschaftler. Sie sagen, dass die Steuern nicht zu hoch sein dürfen. Warum sollten die Menschen sich sonst anstrengen und viel arbeiten, wenn sie fast alle Einnahmen beim Staat abliefern müssen?

Seit es Steuern gibt, machen sich die Gelehrten Gedanken darüber, wo das richtige Maß zwischen zu viel und zu wenig liegt. Der alte Preußen-König Friedrich der Große schrieb schon 1768, es sei zwar gerecht, wenn jeder Einzelne dazu beitrage, die Ausgaben des Staates tragen zu helfen. Es sei aber gar nicht gerecht, wenn jemand die Hälfte seines jährlichen Einkommens abgeben müsse. »Bauer, Bürger und Edelmann müssen in einem gut verwalteten Staat einen großen Teil ihrer Einkünfte selbst genießen und sie nicht mit der Regierung teilen«, schrieb der Alte Fritz.

Auch heute setzt der Finanzminister die Steuern nicht einfach nach Lust und Laune oder Lage seiner Kasse fest. Er achtet immer darauf, dass den Bürgern und Unternehmen genug Geld bleibt.

Wenn er das einmal nicht beachtet, passiert etwas ganz Merkwürdiges. Verdoppelt der Finanzminister einfach alle Steuern für die Bürger, dann nimmt er längst nicht doppelt so viel ein. Womöglich fließt am Ende sogar weniger als zuvor in seine Kassen. Das Steuer-Einmaleins funktioniert anders als Schulmathematik.

Das liegt zum einen daran, dass niemand gern Steuern zahlt. Sobald der Finanzminister die Steuern erhöht, überlegen sich die Menschen, wie sie dem Staat ein Schnippchen schlagen können. Steigt die Kaffeesteuer, dann trinken die Leute keinen Kaffee mehr, sondern lieber Tee. Steigt die Tabaksteuer, dann kaufen die Leute keine deutschen Filterzigaretten mehr, sondern Tabak, um selber Zigaretten zu drehen, oder sogar Schmuggelware aus anderen Ländern. Andere hören vielleicht sogar ganz mit dem Rauchen auf.

Steigen die Steuern auf Einkommen oder Erbschaften, dann überlegen viele Millionäre, gut bezahlte Rennfahrer oder reiche Erben, ob sie nicht in ein anderes Land umziehen, in dem sie weniger Steuern zahlen müssen. Und wenn die Steuern für Unternehmen steigen, dann verlassen vielleicht auch viele Firmen das Land und lassen sich jenseits der Grenze nieder.

Auch wenn alle Menschen und alle Firmen im Lande blieben, kann es passieren, dass die Steuereinnahmen sinken, wenn die Steuersätze steigen. Das wäre auch in der Kerzenfabrik so: Wenn die Fabrik genug Geld einnimmt, dann kann sie es normalerweise nutzen, um eine neue Maschine zu kaufen oder um einen neuen Mitarbeiter einzustellen. Dann könnte die Fabrik noch mehr Kerzen herstellen und noch mehr Geld einnehmen. Aber wenn der Chef der Kerzenfabrik weiß, dass er ohnehin viel mehr Steuern zahlen muss, dann lohnt es sich für ihn vielleicht gar nicht mehr, eine neue Maschine zu kaufen oder nach einem neuen Mitarbeiter zu suchen.

Schlimmer noch: Wenn auch alle Kunden mehr Steuern zahlen müssen, dann haben sie weniger Geld übrig, um Kerzen kaufen zu können. Irgendwann sinkt die Nachfrage nach Kerzen, und die Fabrik nimmt weniger Geld ein. Weil sie weniger verdient, wird sie irgendwann sogar weniger Steuern als zuvor zahlen.

Das Steuer-Einmaleins funktioniert auch umgekehrt. Es klingt zwar verrückt, aber einige Wissenschaftler haben ausgerechnet, dass der Finanzminister sogar mehr Geld einnehmen kann, wenn er die Steuersätze senkt.

Wenn der Chef der Kerzenfirma weniger Geld an den Staat abgeben muss, dann lohnt es sich für ihn, neue Maschinen zu kaufen und neue Mitarbeiter einzustellen. Am Ende verdient er vielleicht sogar viel mehr und zahlt viel mehr Steuern als zuvor. Auch die neuen Mitarbeiter, die vorher vielleicht arbeitslos waren, zahlen jetzt Steuern. Und der Finanzminister kann sich freuen.

Und wie hoch sind die Steuern nun tatsächlich in Deutschland? Sind sie erdrückend hoch oder erträglich? Die Antwort hängt immer davon ab, wen man fragt.

Die Unternehmer werden wahrscheinlich immer sagen,

dass die Steuerlast für die Betriebe zu schwer und vor allem der Spitzensteuersatz viel zu hoch sei.

Die Gewerkschaften werden wahrscheinlich behaupten, dass die Reichen ruhig etwas mehr an den Staat zahlen könnten und dass der Spitzensteuersatz viel zu niedrig sei.

Und jeder einzelne Steuerzahler findet wahrscheinlich ohnehin, dass er lieber weniger Steuern zahlen würde.

Verglichen mit der Höhe der Steuern in anderen Ländern liegt Deutschland jedoch ziemlich unauffällig im Mittelfeld.

Weltmeister in Sachen Chaos:
Warum ist eine Steuerreform so schwer?

Es ist zum Haareraufen. Seit drei Stunden sitzt Maya jetzt am Schreibtisch und brütet über ihrer Steuererklärung. Dabei scheint die Sonne und Maya könnte so viel Besseres tun: schwimmen gehen, eine Radtour machen oder ein Picknick mit Freunden planen ...

Aber nein, sie hat sich fest vorgenommen, heute dieses Formular auszufüllen. Und das ist ganz schön kompliziert. Maya muss nicht nur genau aufschreiben, was sie als Kamerafrau verdient, sondern auch, wie viel Steuern und Sozialabgaben sie im vergangenen Jahr gezahlt hat. Dabei muss Maya viele komplizierte Dinge notieren: Wie weit sie jeden Tag zur Arbeit fährt. Ob sie zu Hause ein Büro hat und wie groß das ist. Wie viel sie für Briefmarken und Fotos für ihre Bewerbungsbriefe ausgegeben hat. Ob sie eine Lebensversicherung hat. Und so weiter und so weiter. All das will der Staat wissen, damit die Beamten in Mayas Finanzamt genau ausrechnen können, wie viel Steuern die Kamerafrau zahlen muss.

Einmal im Jahr muss jeder Steuerzahler in Deutschland so ein kompliziertes Formular ausfüllen. »Steuererklärung«

steht ganz oben. Maya muss nämlich einerseits erklären, wie viel sie im vergangenen Jahr verdient hat. Andererseits muss Maya aufschreiben, wie viel sie gleichzeitig für ihren Beruf, für Versicherungen und ihre Altersvorsorge ausgegeben hat. Diese Ausgaben mindern die Steuerhöhe. Sie werden vom Einkommen abgezogen, bevor das Finanzamt ausrechnet, wie viel Steuern Maya zahlen muss.

Weil Mayas Chef ihre Steuern im Vorjahr aber bereits vom Gehalt abgezogen und an das Finanzamt überwiesen hat, bekommt Maya vielleicht sogar wieder etwas Geld zurück.

Das alles ist sehr kompliziert. So kompliziert sogar, dass viele Menschen es allein gar nicht schaffen, ihre Steuererklärung richtig auszufüllen. Einige machen viele Fehler, andere lassen sich von Profis helfen, die dafür bezahlt werden: den Steuerberatern.

Die meisten Leute bemühen sich, eine Menge Gründe zu finden, um möglichst wenig Steuern zahlen zu müssen. Schließlich lässt der Staat viele Ausnahmen zu: Nicht nur, wer Kinder hat, muss weniger Steuern zahlen. Auch, wer eine Haushaltshilfe beschäftigt oder wer ein umweltfreundliches Elektroauto fährt, zahlt weniger Steuern, als er ansonsten müsste. Die Politiker nennen das eine »Steuervergünstigung«.

Seit langem diskutieren die Experten in Deutschland darüber, dass die Steuern in Deutschland sehr, sehr kompliziert seien und dass es besser wäre, sie einfacher zu machen. Wenn die Menschen verstehen würden, warum sie wie viel an den Staat zahlen, würden sie es viel lieber tun. Einige Politiker finden sogar, die Steuern müssten so einfach gestrickt sein, dass jeder Bürger auf einer Postkarte oder einem Bierdeckel ausrechnen kann, wie viel Geld er dem Staat schuldet. Und auf einem Bierdeckel ist nun wirklich nicht viel Platz.

Bisher aber sind die Deutschen von einfachen Steuern weit

entfernt. Deutschland ist Weltmeister, wenn es um komplizierte Steuern geht. Viele Wissenschaftler behaupten sogar, dass man in keinem anderen Land der Erde so viele Bücher braucht, um das Steuerwesen zu erklären. Insgesamt soll es fast 100 000 einzelne Vorschriften in Sachen Steuern geben. Ganz genau weiß dass allerdings niemand, weil auch die Fachleute ein wenig den Überblick verloren haben.

Nur wenige Steuern sind in Deutschland jemals wieder zurückgenommen worden: eine Steuer auf Glühbirnen zum Beispiel oder eine Steuer auf Spielkarten. Oft fragen sich die Politiker, ob sich die eine oder andere Steuer nicht einfach abschaffen ließe. Normalerweise fällt es den Mächtigen indes schwer, eine sprudelnde Einnahmequelle trockenzulegen – selbst wenn sie längst unsinnig geworden ist.

So streiten die Politiker in Berlin regelmäßig über die »Schaumweinsteuer« – eine Steuer auf Sekt. Diese Steuer gibt es seit mehr als 100 Jahren. Der letzte deutsche Kaiser, Wilhelm II, hatte sie im Jahr 1902 eingeführt. Dabei ging es ihm weniger darum, seinen Untertanen das Sekttrinken zu verleiden. Nein, der Kaiser brauchte schlicht Geld für seine Kriegsschiffe. Zwar ist der Krieg längst vorbei, doch die Schaumweinsteuer hält sich wacker.

Viele komplizierte Steuern mit vielen komplizierten Ausnahmen können aber nicht nur lästig, sondern sogar teuer werden. Stellen wir uns einfach mal vor, der Finanzminister liest in der Zeitung, dass es besonders wenig Unfälle gibt, wenn alle Menschen rote Autos fahren. Rote Autos leuchten nämlich selbst in der Dämmerung und sind schwer zu übersehen, heißt es da. Das leuchtet auch dem Finanzminister ein, deshalb beschließt er, rote Autos zu fördern. Alle Bürger, die ein rotes Auto fahren, sollen künftig weniger Steuern zahlen. Und so geschieht es.

»Toll, jetzt sparen wir Geld«, denken alle Menschen, in deren Garage ein rotes Auto parkt. »Doch nicht so toll«, knurrt irgendwann der Finanzminister. Er hat unterschätzt, wie viele Menschen es sind, die ein rotes Auto fahren. Jetzt fehlen ihm ziemlich viele Einnahmen in den Kassen. Und wenn er keine andere Geldquelle hat, bleibt ihm nichts anderes übrig, als die Steuern auf alle blauen und schwarzen Autos zu erhöhen.

Erst werden sich die Besitzer blauer und schwarzer Autos nur ärgern. Irgendwann werden sie umdenken und sich auch ein rotes Auto zulegen. Dem Finanzminister fehlt immer mehr Geld, und er muss die Steuern für alle übrigen Autofahrer immer höher schrauben. Hätte der Finanzminister also auf Ausnahmen für rote Autos verzichtet, müssten alle Bürger weniger Steuern zahlen.

Wirtschaftswissenschaftler haben ausgerechnet, dass auch in Deutschland die Steuersätze für alle sinken könnten, wenn es weniger Ausnahmen für wenige geben würde. So diskutieren die Politiker schon seit Jahren darüber, wie man die Steuern einfacher machen und Ausnahmen abschaffen könnte.

Aber es klappt nicht, denn einige Politiker haben schlicht Angst vor dem Zorn der Wähler. Würde der Finanzminister zum Beispiel beschließen, dass die Besitzer roter Autos künftig wieder so viel Steuern zahlen müssen wie alle anderen auch, wären sie wohl mächtig empört. Der Partei des Finanzministers würden sie bei der nächsten Wahl bestimmt nicht ihre Stimme geben.

Diejenigen also, denen man bei einer Reform eine Vergünstigung nimmt, sind sauer. Da es inzwischen aber so viele Ausnahmen in Deutschland gibt, ist immer irgendjemand beleidigt, weil er seine Vorteile gefährdet sieht, wenn die Politiker eine Reform machen wollen.

Einige Wirtschaftsexperten sagen daher, am besten wäre es, alle Ausnahmen gleichermaßen zu beseitigen. Dann müssten sich alle Bürger wenigstens gleichermaßen aufregen. Und das wäre auch eine Art von Fairness.

Bei jeder Steuerreform stellt sich nämlich die Frage: Wer

soll das bezahlen? Dabei findet es die CDU normalerweise sehr wichtig, die Steuersätze zu senken – nicht nur für die ärmeren Menschen, sondern auch für die wohlhabenderen und für die Unternehmen. Deswegen spricht die Union oft davon, dass sie den Spitzensteuersatz bei der Einkommensteuer senken will.

Die meisten Politiker in der SPD sagen aber, sie fänden es besser, wenn vor allem diejenigen Menschen weniger Steuern zahlen müssten, die nicht so wohlhabend sind. Deswegen müsse man den Eingangssteuersatz senken und die Steuersätze für die so genannten »Normalverdiener«. In der SPD fordern die Politiker daher nur selten laut, dass der Spitzensteuersatz sinken müsse. Und die Gewerkschaften sehen das genauso.

Über den richtigen Weg in der Steuerpolitik ringen komischerweise nicht nur die Parteien. Der Bundesfinanzminister hat auch mit seinen Kollegen in den Ländern oft Krach. Die gehören zwar oft einer anderen Partei an, aber darum geht es hier ausnahmsweise einmal nicht. Meistens geht es bei den Streitereien nämlich ums Geld. Weil Bund und Länder sich die meisten Steuereinnahmen teilen, beäugen sie sich misstrauisch. Jeder hat nämlich Angst, ihm könnte am Ende Geld fehlen, weshalb niemand dem anderen einen Cent gönnt. Und meistens streiten sie so heftig, dass sie gar nicht mehr zu einer Lösung kommen, auch wenn alle finden, dass die Steuersätze sinken müssten.

Viele Experten sagen aber, dass niedrigere Steuersätze – für ärmere und reichere Menschen – die Konjunktur ankurbeln können. Und das geht so: Wenn der Finanzminister die Einkommensteuer senkt, bleibt den Menschen von ihrem Bruttolohn mehr Geld im Portemonnaie. Sie können also mehr einkaufen gehen. Wenn sie mehr Geld in den Geschäften lassen, verdienen auch die Geschäftsinhaber besser und zahlen mehr Steuern. Irgendwann stellen sie vielleicht sogar neue Mitarbeiter ein, die wieder Lohn-

und Einkommensteuer zahlen. Und so weiter und so weiter.

Einen Teil der Kosten einer Steuerreform verdient der Finanzminister also quasi im Schlaf. Das dürfte ihn beruhigen. Ein Finanzminister ist nämlich immer knapp bei Kasse.

Das Schicksalsbuch der Nation: Wie entsteht ein Bundeshaushalt?

Nie rüpeln Politiker mehr als in jenen Tagen, in denen das Parlament über den Haushaltsplan des Bundes berät. Oft zeigen die Fernsehsender in den Nachrichten dabei Bilder von Abgeordneten, die sich etwas danebenbenehmen. Auf den Rängen sitzen Politiker, die ihre Kollegen auslachen, weil die sich versprochen haben. Andere tun so, als würden sie den Rednern gar nicht erst zuhören und blättern gelangweilt in einer Zeitung. Und manchmal zeigen die Kameras sogar einen Politiker, der gedankenversunken in der Nase bohrt.

Am Rednerpult räuspert sich der Finanzminister und wirft seinen politischen Gegnern vor, die Wähler zu täuschen. Die Opposition wiederum fordert, der Minister müsse sein Amt niederlegen und zurücktreten, weil er seinen Job so schlecht mache – auch wenn das vielleicht gar nicht stimmt. Aber in einer Haushaltsdebatte gehört das nun einmal zum »guten« Ton. Schließlich zählt sie jedes Jahr wieder zu den wichtigsten Veranstaltungen für die Politiker in der Hauptstadt.

Den Haushaltsplan nennen viele Politiker auch das »Schicksalsbuch« der Nation. Darin steht auf den Euro genau, wofür der Staat sein Geld ausgeben will. Die gesamte Politik der Regierung lässt sich im Haushaltsplan nachlesen –

und vieles, über das manche Politiker gar nicht gern sprechen: ob die Rentner mehr oder weniger Geld bekommen sollen; wie viele Menschen im nächsten Jahr wahrscheinlich arbeitslos sein werden; ob Kohlekumpel oder Häuslebauer noch Hilfe vom Staat bekommen oder nicht; wie viel Geld für Umweltschutz oder zur Werbung für neue Reformen ausgegeben wird; oder was die neuen Möbel im Büro des Bundeskanzlers kosten sollen.

Logisch also, dass die Debatten über den Haushalt für die Abgeordneten so wichtig sind. Der Haushaltsplan ist die in Zahlen übersetzte Politik der Regierung. Deswegen nennt man den Haushalt auch Etat. Das kommt aus dem Französischen und bedeutet »der Staat«.

Der Haushaltsplan der Bundesregierung ist mit Abstand der größte Etat in Deutschland, über den Fernsehen und Zeitungen besonders viel berichten. Bundesländer und Städte haben viel kleinere Haushalte. So steht vor allem der Finanzminister in Berlin im Rampenlicht.

Er kümmert sich um die Geldangelegenheiten der Regierung und um die Höhe der Steuern. Außerdem rechnet er aus, wie hoch die Einnahmen und Ausgaben des Bundes im nächsten Jahr sein werden und schreibt alle Haushaltszahlen auf. Dabei ist der Finanzminister nicht allein. Ihm helfen viele hundert Beamte in seinem Ministerium. Schließlich ist so ein Bundeshaushalt oft 4000 Seiten dick und mehr als sechs Kilo schwer. Und immer geht es um sehr viel Geld.

Alles fängt damit an, dass der Bundesfinanzminister sich zum Jahreswechsel an seinen Schreibtisch setzt, um einen Brief an all seine Kollegen in der Regierung zu diktieren: an die Minister für Wirtschaft, für Verteidigung oder für Umwelt, an den Innen- und den Außenminister und all die anderen, die am Kabinettstisch des Bundeskanzlers sitzen.

Dieser Brief beginnt stets sehr freundlich: »Sehr geehrte Damen und Herren, liebe Kolleginnen und Kollegen ...«

Direkt danach aber kommt der Finanzchef der Regierung zur Sache. Er bittet seine Kollegen, haargenau aufzuschreiben, wie viel Geld sie für das nächste Jahr brauchen. Und mit dieser Bitte verbunden ist auch die klare Ermahnung, sich zu bescheiden, weil das Geld knapp sei und der Staat sparen müsse. Schließlich ist der Finanzminister eine Art politischer Spaßverderber: Er will keine kunterbunten Wunschzettel geschickt bekommen wie der Weihnachtsmann, sondern Sparlisten.

Die Kollegen Minister schreiben artig zurück. »Sehr geehrter Herr Minister, lieber Kollege ...« Den Hinweis auf das Sparen scheinen sie aber allesamt überlesen zu haben. Ihre Wunschlisten treiben dem Finanzminister die Zornesröte ins Gesicht: Da fordern doch alle Minister für das nächste Jahr viel mehr Geld als bisher! »Das ist ja ein Ding!«, stöhnt der Finanzminister und möchte die Listen manches Mal am liebsten einfach in den Papierkorb werfen.

Nun schickt er seine Haushaltsexperten los, gewiefte Unterhändler, die mit den bockigen Kollegen über das Geld reden sollen. Sie müssen rechnen, rüffeln, runterhandeln.

Erst einmal verhandeln die ein bisschen wichtigen Beamten aus dem Finanzministerium mit den ein bisschen wichtigen Beamten aus den anderen Ministerien. Dann ringen die ganz wichtigen Beamten über die ganz wichtigen Haushaltsdinge. Und zum Schluss ist wieder der Finanzminister dran: Zum Kaffee lädt er die Ministerkollegen ein, die noch immer störrisch sind und mehr Geld verlangen, als der Finanzminister rausrücken will.

Einzeln müssen die Kollegen am Besuchertisch des Finanzministers Platz nehmen, um den Haushalt auszukungeln. Es gilt immer auch als Maßstab für die Macht des Finanzministers, wer sich bei diesen Chefgesprächen am Ende durchsetzt. Kommt der Finanzminister mit seinen Sparwünschen durch, dann gilt er als einflussreich. Oft passiert es aber auch, dass die Minister sich untereinander gar nicht einigen können. Dann muss der Bundeskanzler, der Regierungschef, ein Machtwort sprechen.

Wenn sich alle mehr oder minder grummelnd einig sind, schließen die Beamten im Finanzministerium den Bundeshaushalt ab. Auf der Ausgabenseite notieren sie, wofür die Ministerien im nächsten Jahr Geld ausgeben dürfen: für den Umweltschutz, für die Bildung oder für die Soldaten. Außerdem braucht die Regierung Geld, um Arbeitslose und Rentner zu unterstützen. Und schließlich muss der Finanzminister Schulden aus vergangenen Jahren zurückzahlen, was sehr viel Geld kostet (siehe »Der König und seine Reiskörner: Warum ist es gefährlich, wenn der Staat Schulden macht?«).

Für das Jahr 2005 zum Beispiel hatte der Finanzminister so viele Ausgaben eingeplant, dass sie sich auf über 250 Milliarden Euro summierten: 250 000 000 000 Euro, eine 250 mit neun Nullen. Das ist sogar etwas mehr, als die Arbeitslosigkeit und all ihre Folgen die Gesellschaft in jedem Jahr kosten (siehe »Einmal zum Mond und zurück: Warum ist Arbeitslosigkeit schlimm?«). Würde man so viele Ein-Euro-Münzen aufeinander stapeln, dann wäre der Turm des Bundeshaushalts über 590 000 Kilometer hoch. Man könnte ihn fast fünfzehnmal um den Äquator wickeln. Eine kaum vorstellbare Dimension.

Auf die Einnahmeseite des Haushaltsplanes schreiben die Beamten aus dem Finanzministerium die Steuern, die alle Bürger und Unternehmen zahlen und die in die Kasse des Bundes fließen werden. Um diese Zahl im Voraus hochzurechnen, holt die Regierung den Rat von Wissenschaftlern ein. Diese Experten schätzen, wie viel Geld der Finanzminister im nächsten Jahr einnehmen wird. Die Zeitungen berichten immer ziemlich viel über diese »Steuerschätzung«. Oft geht die Schätzung nämlich nicht auf, weil es der Wirtschaft doch nicht so gut geht wie erwartet, so dass der Finanzminister weniger einnimmt. Dann muss er andere Geldquellen suchen.

Und tatsächlich hat er noch ein paar andere Möglichkeiten, um zu Geld zu kommen. Zum Beispiel gehören dem Staat Grundstücke, Häuser, Häfen und sogar Firmen, die der Finanzminister im Zweifel verkaufen kann. Weil diese Eigentümer danach nicht mehr dem Staat, sondern Privatpersonen oder privaten Unternehmen gehören, sprechen die Politiker oft auch von »Privatisierung« und »Privatisierungserlösen«.

Eines der größten Unternehmen, die Deutsche Telekom AG, gehörte früher beispielsweise allein dem Staat. Inzwischen hat der Finanzminister viele Milliarden Euro eingenommen, indem er immer wieder Teile dieses Unternehmens an der Börse verkauft hat. Allerdings kann der Staat mit solchen Privatisierungserlösen nicht dauerhaft zu Geld kommen. Denn jedes Unternehmen, jedes Gebäude und jedes Grundstück kann er natürlich nur einmal verkaufen.

Auch wenn er sich noch so sehr müht – es kommt sehr häufig vor, dass der Finanzminister mit seinen Einnahmen nicht alle Ausgaben des Bundes bezahlen kann. Dann muss er sich Geld leihen. Er macht also neue Schulden. Gern tut er das normalerweise nicht. Seine Gegner in den anderen Parteien werden dann nämlich immer behaupten, der Finanzminister könne nicht mit Geld umgehen.

Im Juni hat der Herr der Kassen seinen Haushaltsentwurf fertig gestellt. Dann trägt er die Pläne im Kabinett vor. An jedem Mittwochmorgen treffen sich nämlich alle Minister zu Kaffee und Keksen beim Bundeskanzler, um über ihre Politik zu beraten. Der Finanzminister hält dann einen kleinen Vortrag zum Bundeshaushalt für das nächste Jahr.

Wenn alle Minister zustimmend nicken und auch der Bundeskanzler zufrieden ist, hat die Regierung dem Etat zugestimmt.

Das machtvolle Dutzend:
Was passiert im Haushaltsausschuss?

Minister zittern normalerweise selten. Aber vor dem Haushaltsausschuss bekommen sie alle weiche Knie. Auch der Chef aller Soldaten, der Verteidigungsminister, ist dann nervös. So gab es einmal einen Verteidigungsminister, der schon morgens vor dem Badezimmerspiegel Demutsgesten einübte, wenn er vor dem Haushaltsausschuss erscheinen musste. Dafür sei er morgens eine halbe Stunde früher aufgestanden, gestand er später einmal, als er schon lange kein Minister mehr war.

Der Haushaltsausschuss zählt zu den einflussreichsten Runden in Berlin. Damit aus dem Etat des Finanzministers Wirklichkeit werden kann, müssen die Abgeordneten im Parlament dem Haushalt zustimmen. Nicht alle der rund 600 Parlamentarier beäugen allerdings gleichzeitig den Etat. Nach Tricks und Tücken fahnden zunächst nur die paar Dutzend Politiker, die sich mit Staatseinnahmen und -ausgaben besonders gut auskennen. Dazu sitzen sie im Haushaltsausschuss. Seine Mitglieder stammen aus allen Parteien – nicht nur aus jener, die gerade die Bundesregierung stellt. Aus Tradition kommt der Chef dieses Ausschusses immer aus der größten Oppositionspartei und nie aus der des Finanzministers.

Die Haushaltspolitiker kontrollieren den gesamten Etat und damit sehr viel Geld. Oft dauert das monatelang. Keinen Cent dürfen die Minister ausgeben, wenn vorher nicht der Haushaltsausschuss sein Okay gegeben hat. Die Politiker im Ausschuss können zwar nicht den ganzen Etatentwurf umkrempeln, aber sie können ihn an wichtigen Stellen verändern. Bei jedem Posten überprüfen sie, ob nicht doch noch ein wenig gespart werden kann oder ob das Geld nicht besser für etwas Wichtigeres ausgegeben werden muss. Viele Minister versuchen daher, sich bei den Mitgliedern des Ausschusses beliebt zu machen, indem sie sie zum Frühstück oder auf schöne Reisen einladen. Die Politiker im Ausschuss müssen aber unabhängig sein und dürfen sich nicht beeinflussen lassen. Schon gar nicht durch Geschenke. Streng prüfen sie jede Zeile des Etats und verbieten den Ministern auch schon einmal, die eine oder andere Million auszugeben, wenn die Begründungen nicht überzeugen. Besonders oft meckert der Haushaltsausschuss, wenn ein Minister Mitarbeiter auf besser bezahlte Stellen befördern oder viel Geld für Werbeprospekte ausgeben will. Und wenn die Haushaltspolitiker besonders misstrauisch sind, dann laden sie einen Minister vor.

Irgendwann segnet der Ausschuss den Bundesetat schließlich ab. Dazu reichen die Stimmen der Regierungsparteien. Dann ist wieder das gesamte Parlament an der Reihe, das noch einmal über den Haushaltsplan abstimmen muss. Eigentlich ist es aber nur eine Formsache, dass die Bundesregierung eine Mehrheit für ihren Etat bekommt. Schließlich hat sie ja auch im Parlament die Mehrheit.

Manchmal kommt es allerdings auch vor, dass der Finanzminister seinen Etat im Nachhinein komplett über den Haufen werfen muss. Wenn er mit seinem Geld nicht auskommt, muss er das Parlament bitten, einem Nachtragshaushalt zuzustimmen. Dabei geht es meistens darum, neue Schulden zu erlauben.

Der König und seine Reiskörner: Warum ist es gefährlich, wenn der Staat Schulden macht?

Im alten Persien erzählten sich die Menschen dieses Märchen: Es war einmal ein kluger Höfling, der seinem König ein kostbares Schachbrett schenkte. Der König war über den

Zeitvertreib sehr dankbar, weil er sich mit seinen Ministern bei Hofe oft ein wenig langweilte. Vor allem freute er sich, weil zu dem Schachbrett auch Spielfiguren aus edlem Rosenholz gehörten, deren Gesichtszüge denen des Königs ähnelten.

Also sprach er zu seinem Höfling: »Sage mir, wie ich dich zum Dank für dieses wunderschöne Geschenk belohnen kann. Ich werde dir jeden Wunsch erfüllen.«

Nachdenklich rieb der Höfling seine Nase. Nachdem er eine Weile nachgedacht hatte, sagte er: »Nichts weiter will ich, edler Gebieter, als dass Ihr das Schachbrett mit Reis auffüllen möget. Legt ein Reiskorn auf das erste Feld, und dann auf jedes weitere Feld stets die doppelte Anzahl an Körnern. Also zwei Reiskörner auf das zweite Feld, vier Reiskörner auf das dritte, acht auf das vierte und so fort.«

Der König war erstaunt. »Es ehrt dich, lieber Höfling, dass du einen so bescheidenen Wunsch äußerst«, sprach er. »Er möge dir auf der Stelle erfüllt werden.« Der Höfling lächelte – eine Spur zu breit vielleicht – und verneigte sich tief vor seinem Herrscher.

Sofort traten Diener mit einem Sack Reis herbei und schickten sich an, die Felder auf dem Schachbrett nach den Wünschen des Höflings zu füllen. Bald stellten sie fest, dass ein Sack Reis gar nicht ausreichen würde und ließen noch mehr Säcke aus dem Getreidespeicher holen.

64 Felder hatte das Schachspiel. Schon das zehnte Feld musste dem Höfling mit 512 Körner gefüllt werden. Beim 21. Feld waren es schon über eine Million Körner. Und beim 64. Feld stellten die Diener fest, dass es im ganzen großen Reich des Königs nicht genügend Reiskörner gab, um es aufzufüllen.

Mit seinem Wunsch wurde der Höfling zum reichsten Mann im ganzen Land, und der König wünschte, er hätte ihm nie etwas geschuldet.

So ähnlich verhält es sich auch mit den Schulden des

Staates. In jedem Jahr wachsen sie höher und höher, so ähnlich wie der Berg von Reiskörnern auf dem Schachbrett des Königs. Nur zum Teil liegt das daran, dass der Finanzminister in einem Jahr nicht mit seinem Geld auskommt und sich deshalb etwas leihen muss. Der Schuldenberg wächst vor allem deshalb, weil der Staat in vorangegangenen Jahren so viele Schulden aufgetürmt hat, dass er immer wieder neue machen muss, um die alten zurückzahlen zu können. Für das geliehene Geld muss er etwas bezahlen: die Zinsen. Und genau da liegt das Problem.

Dem Staat geht es dabei nicht anders als jedem seiner Bürger. Wenn Maya sich zum Beispiel eine neue Kamera kaufen will, dann kann sie sich dafür 1000 Euro bei ihrer Bank leihen. Das sind ihre Schulden. Die Bank will natürlich etwas dafür, dass sie Geld verleiht. Den Preis, den die Bank für den Kredit an Maya verlangt, nennt man den Zins. Die Bank fordert von Maya fünf Prozent Zinsen. Fünf Prozent von 1000 Euro machen 50 Euro. Maya muss also 50 Euro allein dafür bezahlen, dass ihr die Bank etwas leiht.

Irgendwann muss Maya den Kredit zurückzahlen – »tilgen« sagen die Leute bei der Bank dazu. Auch die Zinsen muss sie dann begleichen. Insgesamt muss sie also 1050 Euro an die Bank zurückzahlen.

Genau so ist es auch beim Staat. Auch er zahlt Zinsen für seine Kredite. Und wenn er Zinsen und Kredite genau wie Maya pünktlich zurückzahlen würde, wäre das auch kein Problem. Das Dumme ist nur, dass der Staat inzwischen so viele Schulden angehäuft hat, dass er sie auf lange Sicht überhaupt nicht zurückzahlen kann. Die Schulden sind sogar so hoch, dass der Finanzminister sich ständig neues Geld leihen muss, nur um die Zinsen zahlen zu können – abgesehen davon, dass der Staat ja auch das geliehene Geld irgendwann zurückzahlen muss. Zu den alten Schulden kommen also immer wieder neue hinzu. Darauf werden dann auch wieder Zinsen fällig, so dass der Staat noch mehr

Geld zurückzahlen muss. Und so wächst der Schuldenberg und wächst und wächst – genau wie die Reiskornhaufen auf dem Schachbrett des Königs.

Gemeinsam haben der Bund, die Länder und die Städte Schulden von ungefähr 1 400 000 000 000 Euro aufgetürmt. Macht also 1,4 Billionen oder 1400 Milliarden Euro. Eine unvorstellbare Summe, die unvorstellbar schnell weiterwächst: In jeder Sekunde um mehr als 2600 Euro, so viel, wie viele Familienväter in einem ganzen Monat verdienen. Und wenn man diesen Satz zu Ende gelesen hat, dann sind die Schulden des Staates schon wieder um mehr als 7800 Euro gewachsen.

»Macht ja nichts«, könnte jeder von uns jetzt denken. »Solange ich keine Schulden habe, ist mir doch egal, was der Staat so treibt.« Pustekuchen. Wenn der Staat Schulden hat, dann haben alle Bürger Schulden. Schließlich ist ein Staat ja nichts anderes als die Gemeinschaft aller Bürger, die in einem Land leben. Schulden des Staates sind daher die Schulden aller Bürger.

Jedem von ihnen, vom Säugling bis zum Senior, hat der Staat Ende 2004 Schulden von mehr als 17 000 Euro aufgehalst. Dafür könnte sich jeder ein neues Auto kaufen oder zu einer Weltreise aufbrechen.

Schon heute muss der Finanzminister des Bundes in Berlin jeden fünften Euro, den er einnimmt, sofort wieder für die Zinsen auf alte Schulden ausgeben. Wohlgemerkt: Dabei geht es nur darum, die Zinsen zurückzuzahlen. Die Kredite selbst sind damit noch lange nicht abgezahlt.

Weil die Zinsen aber so viel Geld auffressen, bleibt dem Finanzminister kaum etwas für Dinge übrig, für die er viel lieber Geld ausgeben würde: für Universitäten zum Beispiel, für Straßen oder Brücken – allesamt Dinge, von denen alle Menschen in einem Land lange etwas haben.

Weil die Zinsen dem Staat längst wenig Luft lassen, kann er auch nicht mehr so viele Aufträge an Unternehmen vergeben, damit diese für ihn bauen könnten. Auch die Wirtschaft hat also darunter zu leiden, wenn der Staat ein Geldproblem hat.

Im schlimmsten Fall können hohe Schulden des Staates dazu führen, dass auch seine Geldmünzen und Geldscheine, die Währung, weniger wert sind. Die Währung hat nämlich immer auch mit Vertrauen zu tun. Wenn aber ein Staat zu hohe Schulden hat, dann steigt die Gefahr, dass er seine Schulden irgendwann gar nicht mehr zurückzahlen kann. Folglich schrumpft das Vertrauen in den Staat und in sein Geld.

Vielleicht kommt der Staat aus lauter Verzweiflung sogar auf die Idee, sich einfach selbst neue Geldscheine zu drucken. Das wäre aber gefährlich. Je mehr Geldscheine es gibt, desto weniger ist die Währung wert, desto weniger können sich die Menschen also von ihrem Geld kaufen. Das meinen die Fachleute, wenn sie von »Inflation« reden.

Der ministerielle Taschenrechner: Warum ist es so schwer, ohne Kredite Politik zu machen?

Der Finanzminister sitzt an seinem Schreibtisch und brütet über den neuesten Haushaltszahlen, die ganz schön traurig aussehen. In der Kasse des Staates klafft ein riesiges Loch. Gedankenverloren streichelt der Minister über das große Sparschwein, das mahnend an der Tischkante steht, und seufzt: »Was sollen wir bloß machen?«

Ihm gegenüber, auf der anderen Seite des Tisches, sitzen seine Berater, die normalerweise auf jede Frage eine Antwort parat haben. Nun aber ziehen sie ratlos die Schultern hoch und warten erst einmal ab, was ihr Chef vorschlägt.

Tatsächlich legt der Minister die Stirn in Falten und kratzt sich das Kinn. Das macht er immer, wenn er scharf nachdenkt. »Wir könnten doch einfach weniger Geld ausgeben«, brummelt er und tippt eilig ein paar Zahlen in seinen Taschenrechner. Die Berater schauen sich fragend an.

Inzwischen hat der Minister mit dem Tippen aufgehört. Er blickt auf seine Zahlenkolonne und stellt fest, dass der Staat Jahr für Jahr besonders viel Geld ausgeben muss, um den Rentnern und den Arbeitslosen zu helfen. »Da können wir doch etwas sparen«, jubelt er.

»Geht nicht«, entgegnen seine Mitarbeiter im Chor. »Erstens regen sich dann die Gewerkschaften auf, und zweitens haben die Rentner und die Arbeitslosen einen Anspruch darauf, dass der Staat ihnen hilft.« Das stünde sogar so im Gesetz. Und Gesetze zu ändern sei manchmal sehr kompliziert. »Mal ganz abgesehen davon, Herr Minister«, fahren die Berater fort, »dass die Rentner und die Arbeitslosen natürlich auch nicht glücklich wären, und dass viele Menschen sagen könnten, die Regierung sei ganz schön ungerecht, weil sie bei denen sparen will, die ohnehin nicht viel Geld haben.«

Wieder blickt der Finanzminister ratlos auf sein Sparschwein. »Tja«, sagt er nach einer Weile, »wie wäre es dann damit, bei denen zu sparen, die etwas mehr Geld haben?« Man könne doch einfach das Geld kürzen, das der Staat jedes Jahr an die Kohle-Bergwerke überweist, um sie zu unterstützen. Oder das Geld, das einige große Auto-Unternehmen für ihre Forschungsabteilungen bekommen. Oder . . .

»Geht auch nicht«, unterbrechen die Berater, und einer von ihnen verdreht bereits die Augen. »Dann stehen bald die Kohlekumpel oder die Auto-Manager auf der Matte. Oder noch schlimmer: auf der Straße, um gegen uns zu demonstrieren. Nein, Herr Minister, das bringt uns zu viel Ärger ein.«

Der Finanzminister streicht nachdenklich über seinen

Haarkranz. »Na gut. Vielleicht können wir dann einfach im eigenen Laden anfangen. Wir haben doch so viele Ministerien und Behörden, und überall arbeiten so viele Menschen. Muss das eigentlich sein? Vielleicht können wir einfach mit ein paar weniger auskommen?«

»Aber Herr Minister!« Jetzt verdrehen alle Berater auf der anderen Tischseite die Augen. »Das sind doch fast alles Beamte. Die können wir nicht einfach entlassen oder schlechter bezahlen. Und vor allem: Was würde dann aus uns?«

»Hmh«, grumpft der Minister, beugt sich nach vorn und stützt seine Ellbogen auf den Schreibtisch. »Versuchen wir es also andersherum«, sagt er dann. »Wenn wir die Ausgaben nicht senken können, dann müssen wir eben die Einnahmen erhöhen. Wir werden also die Steuern erhöhen, damit wir endlich wieder zu Geld kommen.«

»Um Gottes willen«, brüllen die Mitarbeiter und springen von ihren Stühlen auf. »Haben Sie etwa vergessen, dass bald wieder Wahlen in zwei Bundesländern sind? Vor den Wahlen können wir doch die Steuern nicht erhöhen! Das würden uns die Bürger sehr, sehr übel nehmen, Herr Minister. Oder wollen Sie etwa ihren Job verlieren?«

Eine Weile lang schweigen alle im Raum. Dann sagt der Finanzminister zerknirscht: »Gut. Es geht also nicht anders. Wir werden wohl neue Kredite aufnehmen und wieder Schulden machen müssen.« Und zum ersten Mal nicken die Berater, während sie wieder beruhigt ihren Kaffee umrühren.

Natürlich ist diese Geschichte erfunden, aber sie hat einen wahren Kern. Tatsächlich scheint es vielen Politikern oft leichter, neue Schulden aufzunehmen als bei den Ausgaben zu sparen oder die Steuern zu erhöhen. Und diejenigen Politiker, die tatsächlich sparen wollen, können sich oft nicht durchsetzen – bei den eigenen Parteifreunden, bei befreundeten Parteien, gegen andere Minister und manchmal sogar gegen den Bundeskanzler.

Sie vergessen dabei allerdings, dass hohe Schulden ihnen und ihren Kindern später Probleme bereiten werden. Wahrscheinlich sogar viel größere, als sie sich heute vorstellen wollen.

Rote Karte von ganz oben: Kann der Staat so viele Schulden machen, wie er will?

Die Schulden des Finanzministers müssen in zwei Schuhkartons passen. So einfach ist das.

Viele Beamte kümmern sich um die Schulden des Bundes. Sie schreiben Urkunden über die Schulden, setzen manchmal ein Siegel darauf und geben Acht, dass der Staat seine Zinsen immer pünktlich zahlt. Die meisten von ihnen arbeiten in einer großen Behörde in Frankfurt. Das ist sehr praktisch, weil es dort viele Banken gibt, die dem Finanzminister Geld geliehen haben.

In dieser Behörde gibt es einen riesigen Computer. Er steht in einem geheimen Raum, den nur wenige Menschen betreten dürfen. Der Computer ist gewissermaßen das Herz der Behörde. Er speichert alle Schulden des Bundesfinanzministers. Und die – so viel ist sicher – müssen in zwei Schuhkartons passen. Größer ist die Festplatte für den Schulden-Computer nämlich nicht.

Die Festplatte lässt sich im Notfall zwar erweitern, um doch noch die eine oder andere Milliarde neue Schulden abspeichern zu können. Trotzdem kann der Staat nicht so viele Schulden machen, wie er will. Er muss sich an ein paar Regeln halten. Tut er das nicht, dann bekommt er die rote Karte.

Eine dieser Regeln steht sogar im Grundgesetz, dem wichtigsten Regelwerk im ganzen Land. Dort steht auch, dass der Finanzminister nicht mehr neue Schulden aufnehmen darf, als er im selben Jahr für Investitionen ausgibt – also für Dinge, die einen dauerhaften Wert haben wie Straßen oder Universitäten. Wer das genau nachlesen will, muss im Grundgesetz bei Artikel 115 nachschlagen.

Schulden bedeuten schließlich eine Last für die Zukunft, denn irgendwann müssen sie zurückgezahlt werden. Dagegen sind Investitionen etwas Gutes. Sie bedeuten einen dauerhaften Wert für die Zukunft und können sogar Geld einbringen. Wer zum Beispiel ein Haus baut, der kann darin lange wohnen und muss keine Miete zahlen. Das ist schon mal ein Vorteil. Und wenn der Besitzer mal knapp bei Kasse ist, dann kann er es notfalls auch wieder verkaufen.

Sinngemäß wollten die Väter des Grundgesetzes mit ihrer Regel dafür sorgen, dass der Finanzminister nur dann neue Schulden aufnimmt, wenn er das Geld auch für sinnvolle Dinge ausgibt. Wenn der Finanzminister von dieser Regel abweichen will, dann braucht er dafür gute Gründe.

Aber auch die Kollegen aus den Nachbarländern klopfen dem Finanzminister auf die Finger, wenn er zu viele Schulden macht. Der Grund ist der Euro, die gemeinsame Währung in vielen europäischen Ländern.

Bis vor einigen Jahren hatten die Länder in Europa unterschiedliche Währungen: In Italien gab es die Lira, in Frankreich den Franc, in Spanien die Pesete und in Deutschland die D-Mark. Das war sehr aufwändig, weil alle Geschäftsleute und Touristen, die in Europa unterwegs waren, ständig Geld umtauschen und sehr viel kopfrechnen mussten.

Vor einigen Jahren einigten sich diese und andere europäische Länder deshalb darauf, ihre vielen, unterschiedlichen Währungen gegen eine gemeinsame einzutauschen: den Euro.

Weil es künftig nur noch eine Währung geben sollte, beschlossen die Länder, dass sie sich alle an ähnliche Grenzen für die Verschuldung halten wollen, damit der Euro nicht an Vertrauen und Wert verliert. Damit er »stabil« bleibt, wie die Politiker sagen.

Diese Regeln haben die Länder im »Vertrag von Maastricht« aufgeschrieben. Sie gelten für alle europäischen Nationen, die den Euro eingeführt haben – also auch für den deutschen Finanzminister.

Ein Querkopf namens Keynes: Gibt es gute und schlechte Schulden?

Es gibt Finanzminister, die ihr ganzes Leben auf das Sparen ausrichten wollen. Damit jeder Bürger im Lande das erkennt, parken diese Minister ganze Herden von Sparschweinen auf ihrem Schreibtisch. Sie essen mittags nicht in teuren Restaurants, sondern mampfen eine Currywurst an der Imbissbude. Zu Hause haben sie keine Putzfrau, sondern wischen ihren Fußboden selbst. Und wenn die Zeitungen darüber auch noch berichten, dann freuen sich die Minister doppelt. Soll der Staat sparen, um Schulden abzutragen, dann soll auch der Finanzminister selbst bescheiden sein, denken sie. Und die Bürger dürfen das ruhig wissen, denken ihre Berater.

Andere Politiker halten vom Sparen wenig. Sie sind böse auf jeden sparsamen Finanzminister, weil sie viel lieber Geld ausgeben würden. Sie sagen, dass die Wähler das Sparen überhaupt nicht schätzen würden und dass es sogar schädlich für die Wirtschaft sei. Schulden dagegen seien gar nicht so schlimm. Und manchmal sei es sogar ganz gut, ein paar Schulden zu machen. Wenn der Staat viel Geld ausgäbe, dann würde die Wirtschaft brummen.

Hat der Staat also Schulden, weil die Politiker zu feige und zu faul zum Sparen sind? Oder sind die Politiker besonders klug und machen mit Absicht neue Schulden, weil die manchmal vielleicht sogar sinnvoll sind?

Eine ganz schwierige Frage. Auch die Wissenschaftler diskutieren ständig darüber, ob Schulden unter keinen Umständen in Ordnung oder in besonderen Situationen sogar nötig sind. Anders als bei anderen Fragen – beim Arbeitsmarkt etwa – lässt sich hier auch nicht ganz klar trennen, wofür die SPD und wofür die CDU steht. Beide Parteien sagen zwar immer, dass sie sparen wollen. Mehr Schulden haben sie aber trotzdem beide angehäuft, wenn sie regieren durften.

Der Streit entzündet sich immer, sobald es der Wirtschaft gerade schlecht geht. Wenn die Konjunktur lahmt, suchen viele Menschen Arbeit und viele Unternehmen schreiben keine Gewinne. Wer jedoch keine Arbeit hat und keine Gewinne macht, der zahlt auch keine Steuern. Der Finanzminister nimmt also weniger Geld ein. Gleichzeitig muss er aber auch mehr ausgeben, um die Arbeitslosen zu unterstützen. Irgendwann reißt das ein großes Loch in seinen Haushalt.

In dieser Lage, so sagen einige Politiker und die Gewerkschaften oft, dürfe der Finanzminister nicht sparen. Die Unternehmen bestellen ohnehin schon keine neuen Maschinen und die Menschen gehen nicht einkaufen. Wenn jetzt auch noch der Staat spart und kein Geld mehr ausgibt, dann haben die Unternehmen noch weniger Aufträge. Und dann gibt es noch mehr Arbeitslose.

Deshalb müsse es genau anders herum sein, sagen diese Politiker und die Gewerkschaften: Falls es der Wirtschaft schlecht gehe, müsse der Staat sogar besonders viel Geld ausgeben. Wenn der Staat neue Brücken, Straßen oder Universitäten bauen lässt, dann erteilt er dafür nämlich Aufträge an Unternehmen. Die Firmen wiederum könnten dann neue Mitarbeiter einstellen. Und wenn die Menschen Arbeit und mehr Geld im Portemonnaie haben, dann kaufen sie wieder mehr ein, und es geht mit der Wirtschaft aufwärts. Daher müsse der Staat nach dem Motto »Jetzt erst recht« mehr Geld ausgeben, um die Nachfrage im Lande anzukurbeln. Und dazu dürfe der Finanzminister ruhig ein paar Schulden mehr machen.

Der Mann, der als Erster diesen Einfall hatte, hieß John Maynard Keynes. Er war Brite und hat mit seiner Theorie später viele Anhänger gefunden. Ausgedacht hat er sich das alles in den dreißiger Jahren des vergangenen Jahrhunderts. Damals steckte die Wirtschaft auf der ganzen Welt in einer schweren Krise. Massen von Menschen waren arbeitslos, und viele Unternehmen mussten für immer schließen. Die Wissenschaftler waren ratlos, weil die Konjunktur nicht wieder in Schwung kam. Der Markt konnte sich nicht selbst helfen. Da kam Keynes auf die Idee, dass der Staat eingreifen, Kredite aufnehmen und tüchtig Geld ausgeben müsse, um die Wirtschaft anzukurbeln. Damals war das ein geradezu unerhörter Vorschlag.

Viele Politiker verweisen oft auf diese Idee. Dabei vergessen sie heute aber gern, dass Keynes' Idee noch einen zweiten Teil hatte: Wenn es der Wirtschaft wieder besser geht, dann muss der Staat sogar besonders viel sparen, um die Schulden wieder zurückzuzahlen. Vorübergehend kann er also höhere Schulden in Kauf nehmen. Nicht aber auf lange Sicht.

Weil die Politiker den zweiten Teil der Ideen von Keynes gern vergessen, funktioniert der Trick des Briten schon lange nicht mehr. Viele Staaten haben inzwischen sehr, sehr hohe Schuldenberge angehäuft. In schlechten Zeiten geben sie mehr Geld aus, wollen in besseren Zeiten aber nicht sparen.

Auch die Bürger gehen nicht sofort mehr einkaufen, nur weil der Staat seine Nachfrage erhöht und mehr Geld ausgibt. Sie sind misstrauisch geworden. Wenn die Staatsverschuldung weiter steigt, dann haben sie die Sorge, dass der

Finanzminister bald die Steuern erhöhen könnte. Deshalb sparen sie ihr Geld lieber.

Vielleicht tun sich viele Politiker deshalb so schwer damit, den Schuldenberg abzutragen, weil sie oft dazu neigen, nicht ganz so weit in die Zukunft zu blicken – sondern höchstens bis zur nächsten Wahl. Und da scheint es immer etwas praktischer, Geld auszugeben, um die Bürger für kurze Zeit glücklich zu machen.

Auch vielen Wählern sind neue Schulden erst einmal lieber als höhere Steuern oder Sparpakete. Die schlimmen Folgen der Staatsverschuldung sieht man nämlich erst viele Jahre später.

Steuern und Staatsverschuldung:
Was geht mich das an?

Wenn Maya am Ende des Monats auf ihren Lohnzettel schaut, dann ärgert sie sich ein bisschen. Als Kamerafrau bei dem großen Fernsehsender verdient sie zwar nicht schlecht – zumindest brutto. Wenn sie aber nachrechnet, wie viele Steuern und Abgaben ihr der Staat jeden Monat abzieht, dann sieht die Sache netto schon ganz anders aus.

Eigentlich kann Maya die paar hundert Euro ja verkraften, die sie an Steuern zahlt. Aber der Gedanke, dass der Bundesfinanzminister jeden fünften Euro davon braucht, um die Zinsen für die Schulden zurückzuzahlen, ärgert Maya doch. »Wenn ich so viele Schulden gemacht und nie zurückgezahlt hätte, dann wäre meine Bank ganz schön sauer geworden«, denkt sie. Immerhin hat der Staat inzwischen so viele Schulden angehäuft, dass sich jeder seiner Bürger ein neues Auto dafür kaufen könnte. Und ein neues Auto hätte Maya ziemlich gern.

Steuern gehören zum Leben in einem funktionierenden Staat einfach dazu. Schließlich braucht der Finanzminister Geld, um all die Aufgaben bezahlen zu können, die der Staat für seine Bürger übernimmt.

Und Steuern begegnen jedem, sobald man Geld ausgibt oder verdient. Steuern zahlt nicht nur, wer regelmäßig arbeitet oder einen gut bezahlten Ferienjob macht (auch wenn das Finanzamt bei einem Ferienjob am Ende des Jahres meist die Steuern zurückzahlt). Steuern stecken in jedem Preis. Bei jedem Bonbon, das wir lutschen, bei jeder Pizza, die wir essen, bei jedem Tank, den wir mit Benzin füllen, und bei jedem Kinofilm, den wir uns ansehen, verdient der Staat mit.

Die meisten Menschen haben kein Problem damit, Steuern zu zahlen, weil sie erkennen, dass sie zum Wesen des Staates gehören wie die Tinte zum Füller. Aber viele Menschen ärgern sich, wenn sie das Gefühl haben, die Steuern seien zu hoch, weil der Staat seinen Bürgern gleichzeitig immer weniger dafür biete.

Dabei ist es vor allem der hohe Schuldenberg des Staates, der die Steuern hochtreibt. Und weil der Staat so viel für Zinsen ausgeben muss, fehlt das Geld an anderer Stelle. Wahrscheinlich fehlt es sogar für Dinge, die uns wichtig wären – auch wenn jeder da etwas andere Vorstellungen hat.

Dem Staat fehlt vielleicht Geld für neue Computer und neue Bücher an den Schulen, für neue Betten in den Krankenhäusern, für neue Funkgeräte für die Polizisten oder für Hubschrauber, damit die Soldaten das Land besser beschützen können.

Heute machen viele Politiker sich wenig Gedanken über die Schulden, die der Staat angehäuft hat. Die Schulden aber bleiben an den Kindern und Enkelkindern hängen. Wenn sie einmal groß sind, müssen sie wahrscheinlich viel höhere Steuern zahlen, als es ihre Eltern und Großeltern heute tun.

Wer heute jung ist, den treffen die Schulden des Staates also besonders hart, weil er sie irgendwann begleichen muss.

Wenn die Politiker heute die Schulden nicht in den Griff bekommen und mehr ausgeben, als sie einnehmen, dann bleiben ihnen morgen nur zwei Möglichkeiten: Entweder sie streichen die Leistungen des Staates oder sie müssen die Steuern erhöhen. Und für Reformen, die Geld kosten, wird vielleicht keines mehr da sein.

3
Die Sozialversicherung

Sicherheitsnetz für alle:
Wofür ist die Sozialversicherung da?

Maya hat sich überschätzt. Zuerst hing sie ganz sicher an der Felswand und kletterte höher und höher. Bald aber stand sie nur noch mit dem rechten Fuß auf einem winzigen Vorsprung, kaum mehr als einen Zeh breit, und wollte sich mit der linken Hand weiter nach oben ziehen. Doch sie griff ins Leere. Wo war ein Stück Fels zum Festhalten? Wo nur? Hastig tastete sie mit der Hand den glatten Stein ab. Und fand keinen Halt. Dann rutschte ihr rechter Fuß ab. Maya fiel ...

So zumindest haben es ihre Freunde hinterher erzählt. Maya selbst kann sich an den Unfall nicht mehr erinnern. Kaum war sie zwei Meter in die Tiefe gestürzt, hielt das Sicherungsseil Maya in ihrem Sitzgurt fest. Es gab einen gewaltigen Ruck, das Seil zog an und Maya krachte mit ihrem rechten Arm und dem Helm an den Fels. Jetzt hat sie eine Gehirnerschütterung. Und einen Gipsarm – von der Daumenwurzel bis über den Ellbogen.

Mindestens drei Wochen lang wird Maya nicht in den Fernsehsender fahren können, um zu arbeiten. Wie soll sie denn auch mit einem Gipsarm eine Kamera auf der Schulter balancieren? Direkt nach dem Unfall musste ihr Arm sogar operiert werden, so kompliziert war der Bruch.

Maya blieb eine Woche lang im Krankenhaus. Nach der Operation halfen ihr die Schwestern beim Waschen und Anziehen. Zweimal am Tag schaute der Stationsarzt vorbei. Und weil der Arm so schmerzte, musste Maya Tabletten schlucken. Wahrscheinlich war die Woche im Krankenhaus ziemlich teuer. Trotzdem musste Maya nur sehr wenig bezahlen, als sie das Hospital wieder verließ. Mayas Krankenkasse übernimmt (fast) alle Kosten für die Behandlung, die ein paar tausend Euro gekostet hat. Maya muss lediglich 10 Euro für jeden Tag, den sie im Krankenhaus verbracht hat, selbst übernehmen – macht bei sieben Tagen also insgesamt genau 70 Euro.

Die Krankenkasse ist ein Teil der Sozialversicherung, die alle Menschen unterstützt, die in Deutschland in Not geraten. Die Sozialversicherung hilft Kranken wie Maya, Pflegebedürftigen, Arbeitslosen und alten Menschen. Sie wirkt wie eine Art Sicherheitsnetz, das die Schwachen auffängt.

Das Wort »sozial« benutzen die Politiker oft. Und wenn sie es verwenden, meinen sie immer das menschliche Zusammenleben. Was »sozial« genannt wird, das soll einer Gemeinschaft nutzen. Dabei geht es immer darum, Menschen in Not zu helfen und für einen Ausgleich zu sorgen zwischen denjenigen, denen es gut geht, und denjenigen, denen es schlechter geht.

Die Menschen sollen füreinander einstehen, die Starken für die Schwachen sorgen. Deshalb funktioniert die Sozialversicherung wie ein großer Topf: Jeder Bürger, der eine Arbeitsstelle hat, muss dort jeden Monat einen Teil seines Lohnes einzahlen. Im Gegenzug hat er, wenn er krank, arbeitslos oder alt wird, einen Anspruch darauf, dass ihm mit dem Geld aus diesem Topf geholfen wird. Durch den Beitrag zur Sozialversicherung sichert man sich also für schlechtere Zeiten ab. Menschen in Not sollen in Würde leben können und nicht betteln müssen, um ihren Lebensunterhalt und ein Dach über dem Kopf bezahlen zu können.

Ausgedacht hat sich das Ganze der Staat. Die Politiker haben dafür eigene Regeln in Gesetzen aufgestellt. Deswegen sprechen sie auch von der »gesetzlichen Sozialversicherung«. Und weil das Leben einige Gefahren birgt, besteht auch die Sozialversicherung aus mehreren Teilen: der Kranken- und Pflegeversicherung, der Rentenversicherung und der Arbeitslosenversicherung.

Wie jeder andere Bürger zahlt auch Maya jeden Monat einen Beitrag für ihre Krankenversicherung. Dieses Geld bekommt die Krankenkasse, die Maya sich ausgesucht hat und bei der sie Mitglied ist. Krankenkassen sind das Herz der Krankenversicherung. Sie arbeiten wie große Verwaltungen und übernehmen fast alle Kosten, wenn ein Mitglied krank wird – unabhängig davon, wie viel Geld die Menschen einzahlen. So bezahlt auch Mayas Krankenkasse nach dem Kletterunfall für die Operation, für die Betreuung im Krankenhaus, für die meisten Tabletten und Tropfen aus der Apotheke und für die Krankengymnastin, die Maya hilft, den kranken Arm langsam wieder zu bewegen.

Bei Familien reicht es sogar, wenn nur der Vater oder die Mutter arbeitet und Beiträge an die Krankenversicherung zahlt. Der Elternteil, der zu Hause bleibt, um sich etwa um den Nachwuchs zu kümmern, ist dann auch versichert, ohne dafür Geld einzuzahlen. Und die Kinder sowieso.

Außerdem zahlt Maya jeden Monat einen Beitrag an die Pflegeversicherung. Die übernimmt einen Teil der Kosten, falls Maya einmal so alt oder krank wird, dass sie sich allein nicht mehr helfen kann und auf die Hilfe anderer Menschen angewiesen ist.

Ein anderer Teil von Mayas Geld fließt jeden Monat in die Rentenversicherung. Damit sorgt die Kamerafrau für ihr Alter vor. Wenn Maya einmal so alt ist, dass sie nicht mehr arbeiten kann, bekommt sie aus diesem Topf eine monatliche Rente. Wie hoch diese Rente einmal sein wird, hängt davon ab, wie viel Geld und wie viele Jahre lang Maya während ihres Arbeitslebens in die Rentenkasse einzahlen wird. Je mehr sie in den Rententopf überweist, desto mehr bekommt sie später wieder zurück. Allerdings ist die Rente nach oben begrenzt. Mit mehr als rund 2000 Euro im Monat kann kein Rentner rechnen – und nur die wenigsten bekommen überhaupt so viel.

Als Maya arbeitslos war, hat ihr schließlich die Arbeitslosenversicherung geholfen. Dafür hat Maya zuvor, als sie eine Arbeitsstelle hatte, jeden Monat Geld eingezahlt. Die Arbeitslosenversicherung kümmert sich um alle Menschen,

die ihren Job verloren haben. Während Maya eine Arbeitsstelle suchte, bekam sie deshalb jeden Monat etwas Geld
überwiesen. Dieses Arbeitslosengeld war zwar niedriger als
ihr alter Lohn, aber es reichte aus, damit Maya weiter ihre
Miete zahlen und Essen und Kleidung kaufen konnte, bis sie
wieder einen neuen Job fand.

Die Arbeitslosenversicherung hat Maya außerdem bei der
Jobsuche geholfen. Ein Teil der Beiträge fließt nämlich an
staatliche Arbeitsagenturen und private Firmen, die wissen,
wo es offene Stellen gibt und wie man sich am besten be-
wirbt (siehe »Einer ist immer dagegen: Warum ist eine Ar-
beitsmarktreform so schwer?«).

So sollen alle Teile der Sozialversicherung gemeinsam dafür sorgen, dass in Not geratene Menschen in Würde wei-
terleben können. Allerdings machen die Renten- und die
Krankenversicherung insgesamt den größten Batzen der Sozialkassen aus. Deshalb lohnt es sich, ganz genau hin-
zuschauen, wie die beiden funktionieren.

Bismarck und der Kaiser:
Wer hat sich die Sozialversicherung ausgedacht?

Wer vor hundert Jahren für sein Alter vorsorgen wollte, der
musste lecken. Lecken? Richtig gelesen. Noch Mayas Urgroßvater musste kleine Papiermarken kaufen, die so ähnlich wie Briefmarken aussahen und mit denen er seinen
Beitrag für die Rentenversicherung nachweisen konnte.
Zwischen 14 und 30 Pfennig kostete so eine Beitragsmarke
für eine Woche. Ihre Rückseite musste er anfeuchten und
den Papierschnipsel dann auf eine Karte kleben. Je mehr
Marken Mayas Urgroßvater auf seinen Klebekarten gesammelt hatte, desto mehr Rente bekam er später. Die Klebekar-

ten waren bares Geld wert. Deshalb wurden sie gehütet wie der Familienschmuck.

Sogar die Ämter kamen so zu ihrem Namen: Die großen Behörden, in denen Hunderte von Menschen die Beiträge der Bürger verwalteten und sich darum kümmerten, dass die Rente pünktlich ausgezahlt wurde, nannten die Menschen einfach nur »Klebekisten«.

Die Klebekarten sind zwar schon vor Jahrzehnten von Computern abgelöst worden, die auf Knopfdruck ausrechnen können, wem wie viel Rente zusteht. Doch im Kern ist die Sozialversicherung geblieben – und sie hat ganz schön viel ausgehalten. Im vergangenen Jahrhundert hat sie zwei Weltkriege und mehr als eine große Wirtschaftskrise überstanden. Und das ist auch eine Leistung.

Angefangen hat alles mit einem gekrönten Haupt. Am Ende des 19. Jahrhunderts gab es in Deutschland einen Kaiser, der Wilhelm I. hieß. Er hatte ziemlich viel Ärger. Fast überall im Lande riefen die Gewerkschaften zum Streik auf. Ihre Mitglieder ließen die Arbeit ruhen, weil sie eine bessere Absicherung gegen Armut bei Krankheit und im Alter forderten. Eine allgemeine Sozialversicherung, wie wir sie heute kennen, gab es damals nämlich noch nicht. Nur wenige Handwerksgesellen und Bergarbeiter konnten im Notfall mit Geld aus Hilfskassen rechnen. Alle anderen Arbeiter mussten oft sogar betteln gehen, wenn sie alt oder krank wurden oder aus anderen Gründen kein Geld mehr verdienen konnten.

Die Gewerkschaften schimpften auf den Kaiser, und auch viele Politiker im Parlament waren auf Wilhelm I. nicht gut zu sprechen. Einige fanden einen Kaiser sogar ziemlich überflüssig. Irgendwie musste Wilhelm I. sich also beliebt machen. Und deswegen übernahm er von den Gewerkschaften und den Arbeiterparteien einfach den Vorschlag, alle Arbeiter gegen Krankheit und das Alter abzusichern. Damit wollte er seine Gegner milde stimmen.

Natürlich war ihm diese Idee nicht allein gekommen, so ein Kaiser hat ja viele Berater. Es war der Regierungschef, Reichskanzler Otto von Bismarck, der Wilhelm I. auf die Idee gebracht und der sich bereits viele Gedanken über eine Sozialversicherung gemacht hatte. Heute reden die Politiker daher meistens von der »Bismarck'schen Sozialversicherung«.

Als der Kaiser im Jahr 1881 eine wichtige Rede vor dem Parlament halten musste, forderte er die Politiker auf, Gesetze zum Schutz der Arbeiter im Alter und gegen Krankheit und Unfälle zu beschließen. »Zur positiven Förderung des Wohles der Arbeiter«, wie Wilhelm I. etwas verquast sagte.

Die Politiker begannen daraufhin, zu diskutieren und zu streiten. Sie befragten viele Fachleute und verwarfen noch viel mehr Ideen. Das war damals kaum anders als heute. Nach ein paar Jahren schafften sie es aber tatsächlich, eine Kranken- und eine Rentenversicherung einzuführen. Aus dieser Zeit, dem Ende des 19. Jahrhunderts, stammen die Grundregeln der Sozialversicherung, die noch heute gelten.

Seither kann sich niemand aussuchen, ob er Beiträge in die Renten- oder Krankenkasse einzahlen will oder nicht. Die Sozialversicherung ist Pflicht. Dafür aber hat jeder Bürger, der Geld einzahlt, ein Recht darauf, dass ihm im Notfall geholfen wird.

Außerdem muss kein Arbeitnehmer die Beiträge zur Sozialversicherung allein bezahlen. Sein Chef, der Arbeitgeber also, muss sich an den Beiträgen beteiligen. Eine Zeit lang war es genau die Hälfte der Beiträge, die der Chef zuschießen musste. Heute zahlt der Arbeitnehmer ein kleines bisschen mehr.

Und weil Arbeitnehmer und Arbeitgeber die Beiträge für die Sozialversicherung überweisen, dürfen stellvertretend die Gewerkschaften und Arbeitgeberverbände aufpassen und entscheiden, was mit dem Geld in den Rententöpfen und bei der Krankenkasse passiert. Die Fachleute nennen das auch »Selbstverwaltung«.

Beitrag mit eingebauter Bremse:
Was kosten Renten- und Krankenkasse?

Neugierig reißt Maya jeden Monat einen großen Briefumschlag auf. Aus dem Kuvert zieht sie ein Papier, auf dem fett gedruckt das Wort »Gehaltsabrechnung« prangt. Darunter steht Mayas Name und eine lange Liste mit Zahlen, die ziemlich unübersichtlich aussieht.

Auf ihr kann die Kamerafrau genau nachlesen, wie viel Geld sie im Monat verdient, wie viel Steuern sie zahlen muss und wie hoch ihre Beiträge zur Sozialversicherung sind. Mayas Arbeitgeber, der große Fernsehsender, hat diese Liste erstellt. Der Sender muss nicht nur Mayas Lohnsteuer ausrechnen und an das Finanzamt überweisen. Er überprüft auch, wie viel Maya an die Sozialversicherung zahlen muss und leitet das Geld weiter. Und dabei legt er seinen Beitrag zu Mayas Sozialversicherung gleich obendrauf.

Warum das alles so schrecklich kompliziert klingt? Nun, mit den Sozialversicherungs-Beiträgen verhält es sich so ähnlich wie mit den Steuern: Ihre Höhe ist davon abhängig, was Maya verdient. Je höher Mayas Lohn ist, desto mehr muss sie an die Sozialversicherung zahlen. Alle Menschen zahlen allerdings den gleichen prozentualen Teil ihres Einkommens an die Sozialkassen.

Jeder Zweig der Sozialversicherung – ob Kranken-, Renten-, Pflege- oder Arbeitslosenversicherung – verlangt allerdings einen anderen Beitrag. Die Kranken- und die Rentenversicherung sind dabei am teuersten.

Mayas Rentenversicherung zum Beispiel kostet im Jahr fast 20 Prozent ihres Bruttolohnes. Die Fachleute sprechen auch vom »Beitragssatz«. Von jedem Euro, den Maya brutto verdient, fließen also beinahe 20 Cent in den großen Rententopf. Doch weil Mayas Fernsehsender die Hälfte des Beitrages für die Sozialversicherung übernehmen muss, zahlt die Kamerafrau selbst nur knapp 10 Cent von jedem Euro in den Rententopf. Die anderen 10 Cent zahlt der Fernsehsender.

Zur Erinnerung: Der Bruttolohn ist Mayas Arbeitslohn, von dem noch keine Steuern und Abgaben abgezogen wurden. Insgesamt verdient Maya 3000 Euro brutto, so steht es in dem Vertrag, den sie mit ihrem Chef ausgehandelt hat. Wie viel muss sie also insgesamt für ihre Rentenversicherung zahlen?

Wir rechnen nach: Rund 20 Prozent von 3000 Euro machen 600 Euro, die Mayas Rentenversicherung in jedem Monat kostet. Maya zahlt davon 300 Euro, das ist der Arbeitnehmerbeitrag. Der Fernsehsender übernimmt die anderen 300 Euro – den Arbeitgeberbeitrag.

Bei der Krankenversicherung funktioniert das alles ganz genauso. Sie kostet allerdings etwas weniger, im Jahre 2005 nämlich ungefähr 14 Prozent von Mayas Bruttolohn. Von jedem Euro, den Maya brutto verdient, fließen also ungefähr 14 Cent an Mayas Krankenkasse. Davon übernimmt der Fernsehsender wieder fast die Hälfte.

Auch hier rechnen wir einmal genau nach: 14 Prozent von 3000 Euro sind 420 Euro, die Mayas Krankenversicherung insgesamt kostet. Maya zahlt davon etwas mehr als die eine Hälfte, ihr Arbeitgeber den Rest.

Für die Beiträge in den großen Sozialtopf gibt es jedoch eine Grenze nach oben. Multimillionäre müssen zum Beispiel nicht auf ihr ganzes Einkommen Rentenbeiträge bezahlen. Das wäre viel zu viel.

Warum das so ist? Stellen wir uns doch einfach mal vor, es gäbe keine Grenze für den Beitrag in den großen Rententopf. Dann müsste ein Popstar, der eine Million Euro im Monat verdient, fast 20 Prozent davon in die Rentenkasse einzahlen. Macht also fast 200 000 Euro im Monat. Oder 2 400 000 Euro im Jahr.

Bei einer Versicherung sollte sich aber das, was man einzahlt, und das, was man am Ende herausbekommt, annähernd die Waage halten. Sonst wäre es ja keine Absicherung für die Zukunft, sondern Geldverschwendung.

Die Rentenversicherung zahlt aber keine Millionen-Renten. Sie ist dafür da, die Menschen im Alter abzusichern und ihren Lebensunterhalt zu garantieren, und nicht dafür, für Luxus und Weltreisen zu sorgen. Das wäre schließlich viel zu teuer für alle Beitragszahler. Auch für die Rente gibt es deshalb eine Obergrenze. Mit mehr als 2000 Euro kann keiner der heutigen Rentner rechnen – und so viel Geld bekommen ohnehin die allerwenigsten Rentner. Normalerweise ist die Rente viel, viel kleiner.

Wenn ein Popstar aber schon in einem Jahr über zwei Millionen Euro an Beiträgen in die Rentenkasse einzahlen würde, dann müsste er später einmal 100 Jahre lang eine Rente von 2000 Euro kassieren, um sein Geld wieder reinzubekommen. Dass er so lange überhaupt leben wird, ist wohl eher unwahrscheinlich. Weil die Rente nur dazu dienen soll, für den nötigen Lebensunterhalt zu sorgen, könnte ein Multimillionär also nicht damit rechnen, irgendwann auch nur annähernd so viel Geld, wie er eingezahlt hat, aus dem Rententopf zurückzubekommen.

Und bei der Krankenversicherung ist es so ähnlich: Kaum jemand wird so krank, dass seine Krankenkasse jedes Jahr hunderttausende Euro für ihn ausgeben muss. Deswegen haben die Politiker auch hier eine Bremse für den Beitrag eingebaut. Die Krankenversicherung des Popstars kostet im Monat also nicht 14 Prozent von einer Million, sondern 14 Prozent von einem kleineren Betrag.

Diese Obergrenze trägt einen schwierigen Namen: Sie heißt »Beitragsbemessungsgrenze«. Zerlegt man das Wortungetüm in seine Bestandteile, lässt sich auch schreiben: »Die Grenze, an der sich der Beitrag bemisst«. Klingt schon etwas einfacher.

Und so funktioniert das: Würde Maya eine kräftige Gehaltserhöhung bekommen und sich ihr Lohn plötzlich auf

6000 Euro verdoppeln, dann müsste sie nicht auf ihren gesamten Lohn Sozialversicherungsbeiträge zahlen, sondern nur auf einen kleineren Teil. Für die Rentenversicherung nur auf etwas mehr als 5000 Euro im Westteil Deutschlands oder 4400 Euro im Ostteil Deutschlands – denn hier liegt die besagte »Beitragsmessungsgrenze«. Und für die Krankenversicherung liegt diese Grenze bei etwas mehr als 3500 Euro.

Auch ein Millionär kann sich also entspannt zurücklehnen. Aber das tut er wahrscheinlich ohnehin, denn in der gesetzlichen Renten- oder Krankenversicherung gibt es Millionäre fast so selten wie sechs Richtige im Lotto. Wer ein sehr gutes Einkommen hat, der darf sich nämlich bei privaten Krankenkassen und privaten Rentenversicherungen absichern, was oft vorteilhafter ist. In den großen Topf der Sozialversicherung fließt dann allerdings kein Cent.

Das schwarze Loch auf der Gehaltsabrechnung: Was bedeuten eigentlich Lohnnebenkosten?

Zehn Tage vor Monatsende wird es bei Frau Rentmeister hektisch. Höher und höher stapeln sich die Gehaltsabrechnungen auf ihrem Schreibtisch, dazwischen sammeln sich Mitteilungen von Kollegen, die ihre Krankenkasse wechseln wollen oder Fragen zu ihrem Lohn haben.

Frau Rentmeister ist die gute Fee in der Personalabteilung des großen Fernsehsenders, bei dem auch Maya arbeitet. Sie sorgt dafür, dass pünktlich zum Monatsende der Lohn auf dem Bankkonto einer jeden Kamerafrau und eines jeden Kameramannes eingeht. Sie kümmert sich auch darum, dass die Beiträge zur Sozialversicherung an die richtigen Krankenkassen und die Rentenversicherung überwiesen werden und dass das Finanzamt alle Steuern bekommt, die die Mitarbeiter zahlen müssen. Am Monatsende häuft sich daher die Arbeit für Frau Rentmeister.

Gerade ist sie dabei, die Gehaltsabrechnungen an alle Mitarbeiter zu verschicken. So können sie nachlesen, wie viel Lohn-Euro sie verdienen, wie viel Steuer-Euro sie an den Finanzminister und wie viel Beitrags-Euro sie in den Sozialversicherungstopf abgeben müssen.

Als Nächstes ist Mayas Gehaltsabrechnung dran. 3000 Euro brutto verdient die Kamerafrau jeden Monat, so steht es auch in ihrem Arbeitsvertrag. Frau Rentmeister überweist Maya aber nur etwas mehr als 1700 Euro. So hoch ist also Mayas Netto-Lohn, von dem Frau Rentmeister schon die Steuern und Mayas Beiträge an die Renten-, Kranken-, Pflege- und Arbeitslosenversicherung abgezogen hat. Eigenartig ist aber, dass Frau Rentmeister jetzt noch eine ganz andere Zahl in ihren Computer eingibt: 3600 Euro und ein paar Zerquetschte. Das ist der Betrag, den der Fernsehsender insgesamt jeden Monat ausgibt, um Maya als Angestellte zu bezahlen.

Eigenartig. Laut Arbeitsvertrag bekommt Maya nur 3000 Euro brutto. Ihr Chef muss aber 3600 Euro für sie ausgeben. Fehlen also 600 Euro. Wo ist das Geld geblieben? Gibt es ein schwarzes Loch auf der Gehaltsabrechnung?

Ganz einfach: Es ist in die Sozialversicherung geflossen, also in Mayas Renten-, Kranken-, Pflege- und Arbeitslosenversicherung. Das kommt daher, weil die Kamerafrau und der Fernsehsender sich Mayas Sozialversicherungsbeiträge teilen. Arbeitnehmer und Arbeitgeber zahlen ja jeweils ungefähr die Hälfte, das ist in einem Gesetz festgelegt. So entstehen auch die rund 600 Euro, die der Sender für Maya über ihren Bruttolohn hinaus ausgeben muss: Dies ist der Arbeitgeberbeitrag für Mayas Sozialversicherung. Und weil diese Kosten für den Arbeitgeber zusätzlich zum Lohn entstehen, nennen die Politiker sie oft auch »Lohnnebenkosten«.

Für Maya sind diese Ausgaben wichtig, schließlich sichert

sie sich dadurch für die Zukunft ab. So hat sie das gute Gefühl, dass sie nicht in Armut leben muss, wenn sie einmal alt ist oder so krank, dass sie nicht mehr arbeiten kann.

Trotzdem sind die Sozialversicherungsbeiträge ins Gerede gekommen. Politiker oder Manager reden im Fernsehen oft davon, dass die »Lohnnebenkosten in Deutschland« viel zu hoch seien. Aber stimmt das überhaupt?

Zumindest beweisen die Zahlen, dass die Sozialversicherungsbeiträge in Deutschland heute viel höher sind als früher einmal. Mayas Eltern mussten im Jahr 1970 insgesamt rund 8 Prozent ihres Bruttogehaltes für ihre Krankenversicherung ausgeben. Maya zahlt heute fast 14 Prozent. Und die Rentenversicherung hat im Jahr 1970 nur 17 Prozent gekostet. Heute sind es fast 20 Prozent für Mayas Rente (natürlich teilen Arbeitgeber und Arbeitnehmer sich diese Beiträge fast zur Hälfte).

Logisch, dass Maya sich ärgert, wenn der Beitrag für die Renten- oder Krankenversicherung steigt. Denn dann bekommt sie netto immer weniger Geld. Und das geht allen Arbeitnehmern so. Wenn die Beiträge zur Sozialversicherung steigen, haben alle von ihrem sauer verdienten Lohn immer weniger in der Tasche und können immer weniger einkaufen.

Genauso ärgert sich aber Mayas Chef. Weil er den Arbeitgeberbeitrag bezahlt, müssen Unternehmer wie er für Maya und ihre Kollegen immer mehr Geld ausgeben. Irgendwann passiert es sogar, dass manche Unternehmer überlegen müssen, ob sie es sich noch leisten können, einen Mitarbeiter zu bezahlen oder gar einen neuen einzustellen. Wenn ein Unternehmer nämlich überlegt, ob er einen Arbeitsplatz bezahlen kann, dann denkt er nicht allein über den Bruttolohn nach. Nein, er rechnet aus, wie hoch der Bruttolohn plus aller Arbeitgeberbeiträge ist.

Und hier liegt des Pudels Kern: Wenn zum Beispiel die Krankenkassen mehr Geld ausgeben müssen, weil es viele alte, kranke Menschen und viele neue, teure Medikamente gibt, dann müssen sie mehr Geld von ihren Mitgliedern verlangen. Sie erhöhen also ihre Beiträge. Arbeitnehmer und Arbeitgeber müssen dann mehr Geld bezahlen. Für die Firmen wird jede einzelne Arbeitskraft teurer – manchmal sogar zu teuer. Einige Wissenschaftler sagen sogar, wenn die Sozialabgaben niedriger wären, dann wäre auch die Arbeitslosigkeit viel niedriger. Und die Arbeitslosigkeit ist schließlich eine der größten Sorgen der Menschen.

Ob die Lohnnebenkosten tatsächlich zu hoch sind oder nicht, das ist wie alles in der Politik Ansichtssache. Die Gewerkschaften legen normalerweise sehr viel Wert darauf, dass die Arbeitnehmer im Alter genug Rente bekommen und bei Krankheit gut versorgt werden und wenig aus ihrem eigenen Portemonnaie bezahlen müssen. Deswegen finden sie es oft auch erträglich, dafür Geld – also Sozialversicherungsbeiträge – auszugeben. Wenn die Renten- und Krankenversicherungsbeiträge steigen, finden sie das längst nicht so schlimm, als wenn die Politiker bei der Rente oder bei der Gesundheit sparen würden. Schließlich haben die Gewerkschaften früher einmal auch lange für die Sozialversicherung gekämpft.

Anders ist es bei den Arbeitgebern. Die Unternehmenschefs sind froh, wenn sie nur wenig Sozialabgaben für ihre Mitarbeiter zahlen müssen. Schließlich müssen sie ja auch den Lohn überweisen. Deshalb halten sie geringe Lohnnebenkosten für sehr, sehr wichtig. Für so wichtig sogar, dass sie es besser finden, lieber etwas weniger Rente zu zahlen. Dabei müsse man immer auch an die Arbeitslosen denken, sagen sie.

Das liegt aber auch daran, dass die Arbeitgeber für jeden Arbeitsplatz einiges an Geld ausgeben müssen. Wenn man es ganz genau nimmt, dann zählen zu den zusätzlichen Kosten für jeden Arbeitsplatz nicht nur die Beiträge zur Renten- oder Krankenversicherung, sondern noch mehr. Viele zusätzliche Ausgaben haben die Arbeitgeberverbände und die Gewerkschaften in ihren Tarifverhandlungen vereinbart. Mayas Chef zum Beispiel zahlt Maya einmal im Jahr etwas Geld für ihren Urlaub, das so genannte Urlaubsgeld. Wenn Maya krank wird, dann muss ihr Fernsehsender erst einmal ihren Lohn weiter überweisen. Und ihr Chef unterstützt Maya sogar noch mit ein paar Euro, damit sie für das Alter sparen kann. Vielen Arbeitgebern sind diese Kosten aber manchmal einfach zu viel. Je mehr sie nämlich für jeden einzelnen Mitarbeiter ausgeben müssen, desto weniger können sie einstellen.

Selbst Arbeitnehmer wie Maya empfinden die Sozialversicherung allerdings gelegentlich als unfair. Manche haben das Gefühl, dass sie zu viel Beiträge an die Renten- und Krankenversicherung bezahlen, weil sie dafür, wenn es ernst wird, zu wenig zurückerhalten – und wahrscheinlich immer weniger. Nur durch die Rente ist schließlich noch niemand reich geworden. Es gibt sogar viele Ruheständler, vor allem viele Frauen, die lediglich ein paar hundert Euro Rente im Monat bekommen und kaum genug Geld zum Leben haben.

Außerdem reden die Politiker ständig über Reformen, darüber, für die Kranken weniger auszugeben und bei der Rente zu sparen. Oft haben die Menschen das Gefühl, es ginge nur darum, ihnen etwas wegzunehmen. Und vielleicht ist das sogar die größte Sorge bei den Lohnnebenkosten.

Aus der gesetzlichen Sozialversicherung kann aber niemand aussteigen – es sei denn, man hat ein besonders hohes Einkommen. Deshalb gibt es viele Menschen, die sich etwas anderes überlegen, um keine Sozialabgaben und keine Steuern bezahlen zu müssen. Auch wenn das eigentlich verboten ist: Sie arbeiten schwarz.

Einige Friseure zum Beispiel schneiden nach Feierabend anderen Leuten die Haare. Andere, zum Beispiel Maurer ziehen im Urlaub Wände hoch, wenn ihre Nachbarn ein Haus bauen. Einige Schreiner bauen am Wochenende für ihre Freunde Bücherwände. Wenn sie aus reiner Nettigkeit und Menschenliebe so fleißig sind, dann ist das nicht verboten. Wenn sie aber Geld verlangen und dem Finanzamt und den Krankenkassen nichts davon sagen, damit sie von ihrem Verdienst keine Steuern und keine Sozialbeiträge abgeben müssen, dann ist das strafbar.

Dennoch ist die Schwarzarbeit längst zu einem Wirtschaftszweig geworden, der richtig boomt. Wissenschaftler haben ausgerechnet, dass sechs Millionen normale Stellen entstehen könnten, wenn es diese Schwarzarbeit nicht geben würde. Wenn man also etwas gegen die Arbeitslosigkeit unternehmen will, sagen viele kluge Leute, müsste man als Erstes die Beiträge zur Renten- und Krankenversicherung senken.

Kettenbrief für Opa:
Wer bezahlt eigentlich die Renten?

Mayas Opa muss schon lange nicht mehr arbeiten. Inzwischen ist er 75 Jahre alt und hat genug Zeit, um spazieren zu gehen, schöne Bücher zu lesen, sich um den Garten und um seine Kaninchen zu kümmern. Früher einmal hat Mayas Opa in einem großen Unternehmen Autos gebaut. Heute würde er es gar nicht mehr schaffen, den ganzen Tag in der Fabrikhalle zu schuften.

Weil die Arbeiter Kaiser Wilhelm I. vor mehr als hundert Jahren dazu bewegten, die Sozialversicherung einzuführen, fließt heute auf Opas Konto jeden Monat etwas Geld: die gesetzliche Rente. Deswegen ist Opa noch lange nicht reich. Aber die Rente reicht aus, damit er die Miete für sein Häuschen bezahlen, leckeren Braten essen und Futter für seine Kaninchen kaufen kann, obwohl er schon lange nicht mehr arbeitet. Und falls er etwas Geld übrig hat, dann kauft Opa gern Geschenke für seine Enkel.

Wenn Maya zu Besuch kommt, sagt Opa oft, er habe sich seinen Ruhestand mühsam verdient. »Schließlich habe ich mein ganzes Leben lang schwer gearbeitet und jeden Monat Beiträge für die Rentenversicherung gezahlt«, seufzt Opa. »Für meine Rente habe ich ein Leben lang mühsam gespart.«

In diesen Momenten muss Maya grinsen. »Stimmt doch gar nicht, Opa«, frotzelt sie dann. »Ich bin es, die jeden Monat deine Rente zahlt. Das weißt du ganz genau.« Und sofort regt Opa sich fürchterlich auf.

Hat Maya nur einen Scherz gemacht? Oder stimmt es wirklich, dass eigentlich sie es ist, die Opas Rente bezahlt?

Es klingt zwar verrückt, aber beide haben Recht. Zwar hat Opa sein ganzes Leben lang viel Geld in die Rentenversicherung eingezahlt. Und manchmal hätte er mit seinem Einkommen lieber etwas ganz anderes gemacht: sich zum Beispiel ein eigenes Haus gekauft. Auch davon hätte er im Alter etwas gehabt, weil er sich jetzt die Miete sparen könnte.

Trotzdem ist es Maya, die heute zusammen mit ihrer Generation Opas Rente zahlt. Wo Opas Geld geblieben ist? Das ist längst weg und ausgegeben. Opa hat nämlich die Rente für die Generation seines Vaters bezahlt – auch wenn ihm das vielleicht nie aufgefallen ist.

Wenn Maya heute von ihrem Arbeitslohn regelmäßig Beiträge in die Rentenversicherung einzahlt, dann hat sie zwar später, wenn sie alt ist, einen sicheren Anspruch auf eine Rente. Die Rente funktioniert aber anders als ein Sparbuch: Mayas Rentenbeiträge werden nicht jahrelang angelegt, damit sie Zinsen bringen. Sie werden noch nicht einmal in einem Tresor gesammelt und gut bewacht. Nein, Mayas Beiträge werden sofort wieder ausgegeben, kaum dass die Rentenkasse sie eingenommen hat. Mit Mayas Geld wird nämlich heute Opas Rente finanziert.

Natürlich trifft das nicht nur Maya und ihren Opa allein.

Alle Menschen, die wie Maya berufstätig sind, müssen ihre Rentenbeiträge in einen großen Topf einzahlen. Aus diesem Topf werden sofort wieder alle Renten für Mayas Opa und alle anderen alten Menschen bezahlt. So ist der Rententopf nur ganz kurz voll und wird sofort wieder ausgeleert.

Die Beiträge, die die jungen Arbeitnehmer heute zahlen, werden sofort an die Rentner weitergegeben – sie werden also sofort »umgelegt«. Diesen Trick meinen die Politiker, wenn sie vom »Umlageverfahren« in der Rentenversicherung sprechen.

Die Rentenkasse gibt also Mayas Geld postwendend wieder aus. Trotzdem steht Maya nicht mit leeren Händen da. Sie kann sich wiederum darauf verlassen, dass in vielen Jahren, wenn sie alt ist und nicht mehr arbeiten kann, ihre Rente von denen bezahlt wird, die dann jung sind und Arbeit haben.

Jede Generation verlässt sich darauf, dass die nächste einmal auch für sie aufkommen wird. Die Rente funktioniert also wie ein Kettenbrief: Die jungen Menschen versprechen den Alten, sie mit Geld zu unterstützen. Und sie versprechen, dass diese Kette immer weitergeht.

Die junge und die alte Generation sind dadurch aufeinander angewiesen, deshalb ist oft auch vom »Generationenvertrag« die Rede. Und die Verbundenheit geht sogar noch weiter. Wenn die Löhne der arbeitenden Bevölkerung steigen, sollen auch die Renten für die Alten steigen. Daher haben die Politiker die Höhe der Renten durch ein kompliziertes Verfahren an die Höhe der Löhne gekoppelt. Wenn es der Wirtschaft besser geht, profitieren davon auch die Rentner.

Die Deutschen haben dieses Umlageverfahren in den fünfziger Jahren eingeführt. Damals hatte es viele Vorteile. Weil die Menschen ihre Rente nicht selbst ansparen oder zurücklegen mussten, hatte die Regierung damals sofort Geld, das sie als Rente an die alten Leute auszahlen konnte. Das war nach dem Krieg wichtig, denn viele Menschen hatten kaum

Geld und konnten nicht sparen. Und weil das Land wieder aufgebaut werden musste, gab es viel Arbeit und damit viele Menschen, die in die Rentenkasse einzahlten. Das Umlageverfahren kann nämlich nur funktionieren, wenn es immer genug junge Menschen gibt, die eine Arbeitsstelle haben.

Die demographische Herausforderung: Was passiert mit der Rente, wenn die Menschen immer älter werden?

»Die Rente ist sicher«, hat ein deutscher Sozialminister einmal gesagt. Früher einmal hat das auch jeder geglaubt. Heute sieht das anders aus. Viele Menschen hegen ein Misstrauen und glauben nicht daran, dass ihre Rente tatsächlich so sicher ist, wenn sie erst mal alt geworden sind. Auch in den Medien streiten die Politiker oft darüber, ob die Rente verlässlich ist oder nicht. Vor allem am Umlageverfahren meckern sie oft herum.

Dieses Verfahren hat nämlich ein Problem: Weil es wie ein Kettenbrief arbeitet, funktioniert es nur dann, wenn es immer wieder genug Leute gibt, die einsteigen. Ein Kettenbrief muss immer neue Absender finden, sonst sind irgendwann diejenigen, die zum Schluss eingestiegen sind, die Dummen. Sie finden nämlich niemand mehr, der sie unterstützen will.

Inzwischen gibt es aber immer weniger junge Menschen, die beim Renten-Kettenbrief neu einsteigen können – die also Geld in die Rentenkasse einzahlen. Gleichzeitig gibt es aber immer mehr Rentner, die Geld aus dem Rententopf erhalten. Logisch, dass die Rentenkasse irgendwann ein Problem bekommt. Um gut zu funktionieren, braucht die Rentenversicherung nämlich viele junge Beitragszahler und viel weniger alte Menschen.

Wenn Politiker über dieses Problem sprechen, dann benutzen sie meistens das Fremdwort »Demographie«. Übersetzt bedeutet das schlicht »die Lehre von der Bevölkerung«. Die Politiker und Experten meinen damit, dass die Deutschen immer älter werden und immer weniger Kinder bekommen. Und sie unterstellen, dass daraus Schwierigkeiten für die Sozialversicherung entstehen.

Ein Junge, der heute geboren wird, kann damit rechnen, dass er einmal 75 Jahre alt wird. Jungen, die im Jahr 2050 geboren werden, können im Durchschnitt vielleicht schon 87 Jahre alt werden. Bei den Mädchen sind es sogar immer noch ein paar Jährchen mehr. Und es gibt Forscher, die glauben, dass Babys bald eine gute Chance haben, irgendwann einmal 100 Jahre alt zu werden.

Eigentlich ist es nichts Neues, dass die Menschen immer älter werden. Gott sei Dank. Im Mittelalter starben Frauen wie Männer noch sehr jung. Schon mit 40 Jahren galten sie damals als uralt und gebrechlich. Heute dagegen gehen 40-Jährige noch als »junge Frau« oder »junger Mann« durch (zumindest bei den 80-Jährigen). Im 21. Jahrhundert laufen viele Menschen mit 50 noch einen Marathon. Mit 60 lernen sie neue Fremdsprachen. Mit 70 studieren sie noch einmal an der Universität. Und es gibt sogar Extrem-Bergsteiger, die über 80 Jahre alt sind.

Das ist doch toll, oder? Denn was kann es Schöneres geben als ein langes, glückliches Leben? Die Menschen können ihr Leben bis ins hohe Alter genießen, und die Enkelkinder haben viel länger etwas von ihren Großeltern.

Die Deutschen müssten im Vergleich zu anderen Nationen sogar besonders glücklich sein. Im Durchschnitt werden wir heute über 40 Jahre alt und damit viel älter als die Menschen in vielen anderen Ländern. Und wie kommt es dazu? Essen wir weniger fettige Pommes? Machen wir besonders viel Sport? Oder haben wir so tolle Ärzte?

Ganz so ist es leider nicht. Die Deutschen sind im Durchschnitt eben nicht deshalb alt, weil sie besonders gesund wären. Nein, die Deutschen sind im Durchschnitt deshalb alt, weil sie so wenig Kinder bekommen. Seit dreißig Jahren sterben Jahr für Jahr sogar mehr Menschen, als Babys geboren werden. Die Deutschen werden also immer weniger – und immer älter.

Und das wirkt sich auch auf den Rententopf aus. Denn wenn es immer weniger Kinder gibt, dann gibt es auch immer weniger junge Menschen, die arbeiten und Rentenbeiträge zahlen. Die Rentenkasse nimmt immer weniger Geld ein. Wenn die Menschen gleichzeitig aber immer älter werden, dann gibt es auch immer mehr Rentner. Die Rentenkasse muss also immer mehr ausgeben. Und daraus entsteht irgendwann ein riesiges Problem.

Heute ernähren vier junge Menschen mit ihren Rentenbeiträgen einen alten. In 30 bis 50 Jahren sind es nur noch zwei junge Ernährer pro Rentner. Die jungen Menschen werden also immer höhere Beiträge in die Rentenkassen einzahlen müssen, um die älteren zu ernähren. Und für die Arbeitgeber steigen die Lohnnebenkosten ...

Wenn die jungen Menschen aber immer weniger werden, können sie gleichzeitig nicht ganz sicher sein, dass sie ihrerseits im Alter eine vernünftige Rente bekommen, obwohl sie immer mehr in den Rententopf einzahlen müssen. Deswegen überlegen die Politiker heute oft, ob das gerecht ist und was sie dagegen tun können.

Nicht alle Geldsorgen der Rentenversicherung können die Politiker allerdings darauf schieben, dass die Menschen immer älter werden und dass es immer weniger Kinder gibt. Auch aus einem anderen Grund fehlt der Rentenkasse Geld: Weil so viele Menschen arbeitslos sind. Wenn die Wirtschaft Husten hat, dann bekommt auch die Rentenversicherung einen Schnupfen.

Woher das kommt? Falls die Unternehmen keine Gewinne schreiben und keine Aufträge mehr haben, dann kürzen einige Unternehmen vielleicht die Löhne für ihre Mitarbeiter. Die Beiträge für die Sozialversicherung hängen aber von der Lohnhöhe ab. Wenn die Löhne schrumpfen, schrumpfen also auch die Beiträge, die die Beschäftigten an die Sozialversicherung zahlen. Damit mangelt es der Rentenkasse an Geld.

Falls es ganz schlimm kommt und es neue Arbeitslose gibt, dann fehlt der Rentenkasse sogar noch mehr Geld. Denn nur wer Arbeit hat, zahlt den vollen Beitrag in die Rentenkasse ein. Wer indes arbeitslos ist, der bekommt keinen Lohn und kann deshalb selber nichts für seine Rentenversicherung ausgeben. Deshalb springt der Staat ein. Für jeden Arbeitslosen zahlt er einen kleinen Beitrag, der aber sehr, sehr niedrig ist. Niedriger jedenfalls als der Beitrag, den die meisten Beschäftigten zahlen. Jeder Arbeitslose kostet die Rentenkasse also bares Geld. Und je mehr Arbeitslose es gibt, desto größer geraten die Sorgen der Rentenkasse.

Eigentlich sagen alle Minister, alle Politiker und alle Wissenschaftler, dass die Rentenversicherung überholt werden muss. Wie das aber genau aussehen soll, darüber sind sie sich noch nicht einig.

Eine Decke aus Geld:
Wie löst man die Sorgen der
Rentenversicherung?

In jedem Monat legt Maya etwas von ihrem Geld zurück. Weil man ja nie weiß. Weil sie sich später einmal etwas Schönes gönnen möchte. Und weil das Geld auf dem Sparkonto Zinsen bringt und sich wie von Zauberhand vermehrt. Und manchmal fragt Maya sich, warum die Politiker das mit ihren Rentenbeiträgen nicht einfach genauso machen.

Wenn nämlich das Geld, das Maya jeden Monat in die Rentenkasse einzahlt, einfach futsch ist, weil es sofort an ihren Opa überwiesen wird – wäre es dann nicht besser, Maya würde ihr Geld einfach für sich selbst zurücklegen? Sie könnte es ja in einem Tresor bunkern oder auf ihr Sparkonto einzahlen. Dann müsste sie sich um ihre Rente keine Sorgen machen.

Allzu abwegig ist Mayas Idee gar nicht, auch wenn sie zunächst etwas eigennützig klingt. Viele Wissenschaftler sind der Meinung, dass es klug wäre, die Sache mit dem Kettenbrief allmählich zu überdenken oder zumindest einzudämmen. Weil es immer weniger junge Menschen, gleichzeitig aber immer mehr Rentner und Arbeitslose geben würde, sei das Umlagesystem längst aus dem Gleichgewicht geraten.

Wenn Maya weiter in jedem Monat die Rente für die Generation ihres Opas zahlen soll, bleiben nur zwei Möglichkeiten: Entweder muss Maya höhere Beiträge überweisen. Oder Opa bekommt weniger Geld. Logisch, dass einer von beiden immer beleidigt sein wird.

Deshalb sind einige Fachleute auf die Idee gekommen, dass es viel besser wäre, wenn Mayas Beiträge zur Rentenversicherung nicht sofort wieder an ihren Opa ausgezahlt würden. Stattdessen sollten Maya und alle jungen Leute ihre Rentenbeiträge über Jahre sparen und für sich selbst zurücklegen, bis sie selbst in Rente gehen. Auf einem Sparbuch oder an den Börsen angelegt, könnten die Beiträge dann sogar Zinsen abwerfen.

Jede Generation würde also Geld – ein Fremdwort dafür lautet »Kapital« – für den eigenen Ruhestand sparen. Jede Generation könnte ihre Altersversorgung folglich durch ihr eigenes Kapital abdecken. Das meinen die Politiker, wenn sie von der »Kapitaldeckung« in der Rentenversicherung sprechen. Sie meinen ganz einfach ein Sparverfahren.

Einige Fachleute finden ein Sparverfahren sogar gerechter als die Sache mit dem Kettenbrief. Die Jungen müssen dann nämlich nicht mehr für die Alten bezahlen und werden nicht immer mehr belastet. Und wenn das Geld gespart und nicht sofort wieder ausgegeben wird, wirft es sogar Zinsen ab. Vielleicht bekämen die alten Menschen dann sogar mehr Geld, wenn sie eines Tages in Rente gingen.

Das Problem ist nur: Wenn Maya ihr Geld über die Rentenversicherung nicht mehr für ihren Opa ausgibt, sondern für sich selber spart – was wird dann aus ihm? Er stünde dumm da. Und ohne Rente.

Deswegen können die Politiker das Umlageverfahren nicht vom einen Tag auf den anderen abschaffen. Opa hat schließlich ein Leben lang Beiträge gezahlt und hat per Gesetz ein Recht auf seine Rente. Deshalb will auch niemand das Umlageverfahren sofort und völlig durch das Sparverfahren ersetzen. Aber langsam machen sich die Politiker daran, beide nebeneinander einzusetzen.

So haben sich die Politiker im Jahr 2001 an eine wichtige Reform gewagt. Sie haben beschlossen, dass die Menschen künftig mehr für ihre Rente sparen sollen. Wer regelmäßig einen gewissen Teil seines Einkommens für das Alter zurücklegt, dem gibt der Staat noch Geld dazu. »Private Altersvorsorge« sagen die Politiker auch dazu. Damit haben sie einen Schritt weg vom Renten-Kettenbrief, dem Umlageverfahren, gemacht. Die gesetzliche Rente soll in Zukunft ein bisschen langsamer steigen, damit die jungen Menschen weniger für die Alten zahlen müssen. Und damit die Jungen trotzdem genug Geld im Alter haben, müssen sie selber sparen.

Wer die Sparhilfe vom Staat bekommen will, darf sein Geld aber nicht einfach irgendwie anlegen. Die Politiker haben ausführliche Regeln aufgeschrieben, wie die Menschen ihr Geld zurücklegen müssen, damit der Staat sie dabei unterstützt. Denn es wäre ja ziemlich dumm, wenn Maya für ihre Ersparnisse nur risikoreiche Aktien kaufen würde, die irgendwann nichts mehr wert sind.

Besser ist es, wenn ihr Geld sicher ist – mit einem Renten-

Sparplan bei einer Bank oder einer Lebensversicherung zum Beispiel. Das bedeutet, dass Maya einer Bank oder einer Versicherung jeden Monat Geld überweist. Die Unternehmen legen das Geld an und versprechen Maya, ihr später, wenn sie in Rente geht, nicht nur das Geld zurückzuzahlen, das sie ihnen gegeben hat, sondern sogar etwas mehr. Maya muss also genau aufpassen, dass ihr Geld für das Alter auch sicher angelegt ist. Dann schießt der Staat auch etwas dazu.

Alle Sorgen kann das Sparverfahren allerdings nicht lösen. Gerade diejenigen, die wenig verdienen, haben vielleicht gar nicht genug Geld, um noch zusätzlich etwas für das Alter zurückzulegen. Gerade für sie wäre es aber wichtig zu sparen, weil sie ja nur eine geringe Rente bekommen. Schließlich haben sie von ihrem kleinen Lohn auch nur kleine Beiträge eingezahlt.

Andere Fachleute haben sich daher ausgedacht, dass alle Menschen einfach ein wenig länger arbeiten sollen. Bisher dürfen die Beschäftigten in Rente gehen, wenn sie 65 Jahre alt sind. Die meisten warten aber gar nicht bis zu ihrem 65. Geburtstag, sondern wechseln bereits ein paar Jährchen vorher in den Ruhestand – auch wenn ihre Rente dann ein bisschen niedriger ausfällt, weil sie nicht ganz so lange Beiträge eingezahlt haben.

Wenn alle Menschen erst mit 67 Jahren in Rente gingen, wären die Sorgen der Rentenversicherung ein wenig kleiner. Denn wer länger arbeitet, zahlt auch länger Geld in den Rententopf ein, sagen einige Fachleute.

Andere Experten, die mit dem Kettenbrief-Verfahren überhaupt nicht glücklich sind, haben sich wiederum etwas ganz anderes ausgedacht. Sie haben keine Lust mehr, ständig darüber zu diskutieren, ob die Rente sicher ist oder nicht, und finden, man sollte den Leuten einfach sagen, dass sie sich auf die Rente nicht verlassen dürfen.

Niemand solle mehr denken, dass er im Alter über die Rente so viel Geld bekomme, dass er allein davon leben könne. Statt einer Rente, von der man sein Leben bezahlen kann, soll es daher nur ein bisschen Geld für das Nötigste geben: die Grundsicherung. Manche Politiker fordern diese »Grundrente«. Der Topf, in den Rentenbeiträge fließen, würde damit abgeschafft. Stattdessen müsste der Finanzminister aus den Steuern die Grundsicherung bezahlen. Und jeder Bürger wäre gezwungen, selbst viel Geld für das Alter zurücklegen. Aber auch das ist umstritten.

Inzwischen verlassen sich die meisten Menschen ohnehin nicht mehr allein auf die gesetzliche Rentenversicherung. Viele Menschen sorgen längst auch selbst für das Alter vor, indem sie Geld sparen oder eine Lebensversicherung abschließen. Andere haben das Glück, dass ihr Chef Geld für die Altersvorsorge seiner Mitarbeiter zahlt.

Wer lange gesund bleibt, kann sich dann auf das Altwerden freuen.

Kein Preis, nirgends:
Wie funktioniert der Markt für Gesundheit?

»Backenzahn-Ziehen mit Schmerzfrei-Garantie, jetzt im Sonderangebot für 75 Euro. Nur bei Zahnarzt-Praxis Dr. Möchtegern.«

»Pay one, get two: Gipsbein, auf Wunsch auch in aktuellen Trendfarben, nur 40 Euro. Dr. Vogue, Sportmediziner.«

»Jetzt zuschlagen! Blinddarm-Operation nur 2999 Euro. Angebot gilt nur noch bis zum 31. Dezember. Besuchen Sie Dr. Wundersam!«

Solche Anzeigen suchen Patienten in der Zeitung vergeblich. Sie sind frei erfunden. In Deutschland dürfen Ärzte überhaupt keine Werbung machen. Das ist verboten. Die Patienten, so heißt es, könnten einen guten Arzt ohnehin nicht von einem schlechten unterscheiden und würden durch Ärzte-Werbung nur durcheinander gebracht. Mündige Bürger, die selbstständig denken und entscheiden? Die soll es auf dem Gesundheitsmarkt nicht geben. Und damit kein Patient verunsichert wird und sich kein Kollege ärgert, müssen sich Ärzte an strenge Regeln halten. An sehr strenge. Bis vor ein paar Jahren gab es sogar eine Vorschrift, die besagte, dass ein Arzt nur dann ein Praxis-Schild an seine Hauswand schrauben durfte, wenn es nicht größer als 35 mal 50 Zentimeter war.

Und die Preise? Darüber spricht beim Arzt ohnehin niemand. Kaum ein Patient weiß, wie viel es kostet, wenn der Zahnarzt einen Backenzahn zieht, ein Sportmediziner ein Bein in Gips legt oder ein Chirurg einen entzündeten Blinddarm aus dem Bauch schnippelt. Mit einem Markt hat das alles wenig zu tun.

Bei jedem anderen Gut sind die Menschen viel klüger. Sie können genau sagen, was ein Liter Orangensaft im Supermarkt oder eine Flasche Milch im Bio-Laden um die Ecke kostet. Sie wissen, was ein alter Schrank aus dem 17. Jahrhundert oder ein gebrauchtes Auto wert ist. Sie planen sogar, wie viel sie für ihr neues Haus ausgeben werden, noch bevor sie die erste Wand gemauert haben. Nur bei der Gesundheit, die man sich bei jedem Nieser gegenseitig wünscht und die als das wichtigste Gut des Menschen überhaupt gilt, haben die Leute von den Preisen keine Ahnung.

Eigenartig. Und doch irgendwie logisch. Die meisten Patienten können gar nicht wissen, was eine Untersuchung oder eine Operation kostet, weil sie nicht selbst dafür zahlen müssen. Auch Maya weiß nicht, wie teuer ihr Bergunfall am Ende war.

Der Doktor schickt seine Rechnung schließlich normalerweise sofort an die Krankenkasse, die fast immer alle Kosten übernimmt. Wer zum Arzt muss, der zückt deshalb nicht das Portemonnaie (außer vielleicht, um die Praxisgebühr zu bezahlen, die alle drei Monate fällig wird), sondern legt nur seine Versichertenkarte auf den Tresen im Wartezimmer. Diese Plastikkarte mit einem Chip wird in den Computer eingelesen und beweist, das der Patient Mitglied einer Krankenkasse ist und brav seine Beiträge zahlt.

Das wäre ungefähr das Gleiche, als wäre Maya Mitglied in einem Obst-Verein, an den sie jeden Monat ihren Beitrag überweist. Dafür müsste sie im Supermarkt nie etwas bezahlen, wenn sie einen Apfel oder eine Banane kauft. Sie müsste nur ihren Mitgliedsausweis vorlegen. Was der Apfel oder die Banane wirklich kostet, würde Maya nie erfahren. Schließlich schickt der Verkäufer die Rechnung sofort an den Obst-Verein.

Die Gesetze des Marktes sind in Sachen Gesundheit außer Kraft gesetzt, weil wir nicht wollen, dass die Gesundheit vom Geldbeutel abhängt. Jeder Mensch bekommt genau so viel Leistungen und Hilfe, wie er braucht.

Deshalb muss sich in Deutschland jede Frau und jeder Mann bei einer Krankenkasse versichern. Das ist Pflicht. Man darf sich aber selber eine Krankenkasse aussuchen. Die Auswahl ist groß, insgesamt gibt es nämlich fast 300 Kassen. Allerdings unterscheiden sie sich nicht allzu sehr. Im Großen und Ganzen müssen alle Krankenkassen nämlich die gleichen Untersuchungen und Medikamente für ihre Versicherten bezahlen. Die Politiker haben ihnen das so vorgeschrieben.

Viele Patienten achten daher hauptsächlich auf den Preis, wenn sie sich für eine Kasse entscheiden. Einige Krankenkassen verlangen höhere, andere niedrigere Beiträge. Manche Kassen haben viele Büros in verschiedenen Städten, um ihre Kunden vor Ort besonders gut beraten zu können. Das hat seinen Preis. Andere sind nur über Telefon und Internet zu erreichen, wenn es einmal Fragen gibt. Dafür verlangen sie aber etwas weniger Geld. Und einige Kassen bieten allen Mitgliedern Preisnachlässe an, wenn sie sich besonders gesundheitsbewusst verhalten. Wer zum Beispiel mit dem Rauchen aufhört, regelmäßig Sport treibt oder in einem Kurs Entspannungsübungen gegen Stress lernt, der muss etwas weniger bezahlen.

Wenn es ums Geld geht, sind die Krankenkassen dazu da, die Patienten gegenüber den Ärzten zu vertreten. Und so funktioniert das: Da die Patienten nicht für ihre Untersuchungen bezahlen, müssen sie sich auch nicht mit ihrem Arzt über Preise unterhalten. Das übernehmen die Krankenkassen. Sie vereinbaren mit den Ärzten einer Region die Preise für Untersuchungen und Behandlungen. Dazu schließen sie Verträge mit den Vereinigungen der Ärzte ab, in denen genau steht, was die Kassen für welche Untersuchung bezahlen.

Die Krankenkassen vertreten ihre Mitglieder, weil niemand es den Patienten zumuten wollte, in der Arztpraxis um Geld zu feilschen. Außerdem, so heißt es, würden die meisten Patienten sich in Sachen Gesundheit nicht gut genug auskennen, um über Preise und Behandlungsmethoden verhandeln zu können. Da ist es natürlich praktisch, wenn die Kassen das alles übernehmen.

Allerdings gibt es auch ein paar Schwierigkeiten: Weil die Kassenpatienten normalerweise keine Rechnung zu Gesicht bekommen – es sei denn, sie bitten ihren Arzt extra darum –, haben sie kein Gefühl dafür, was Untersuchungen und Behandlungen kosten. Viele denken sogar, Gesundheit koste überhaupt nichts – dabei tragen die Kosten alle Beitragszahler, die Geld in den großen Topf stecken, aus dem Ärzte, Apotheker und Krankenhäuser bezahlt werden. Und weil die Deutschen nicht merken, dass jede Untersuchung Geld kostet, gehen sie besonders häufig zum Arzt. Viel häufiger jedenfalls als die Patienten in anderen Ländern.

Manche Ärzte wiederum untersuchen besonders fleißig (und manchmal sogar mehr als nötig), damit sie genug Geld verdienen. Die Ärzte bekommen nämlich Geld dafür, dass sie viele Patienten untersuchen, Röntgen- und Ultraschallaufnahmen machen und Behandlungen durchführen. Ob sie einen Menschen tatsächlich heilen, spielt dabei keine Rolle. Es soll sogar ein paar schwarze Schafe geben, die von der Kasse Geld für Untersuchungen verlangen, die sie niemals durchgeführt haben. Wem soll das auch auffallen? Die Patienten sehen ja normalerweise keine Rechnung.

Die Kassen wiederum haben kaum Möglichkeiten, mit guten Ärzten andere Preise auszuhandeln als mit weniger guten. Sie dürfen keine Ausnahmen machen, weil sie die Preise mit der Ärztevereinigung aushandeln müssen, die alle Ärzte einer Region vertritt.

So kommt es, dass die Deutschen besonders viel Geld für ihre Gesundheit ausgeben. Hierzulande gibt es für jeden Patienten mehr Ärzte und mehr Krankenhausbetten als in den meisten anderen Nationen der Welt. Nur sind wir deshalb nicht weniger krank als die Menschen in anderen Ländern. Es gibt sogar Fachleute, die sagen: Wenn wir schon so viel Geld für unsere Gesundheit ausgeben, dann müssten wir viel seltener krank und viel schneller geheilt werden.

Es gibt allerdings ein paar Patienten, die tatsächlich eine Rechnung von ihrem Arzt bekommen und daher auch die Preise kennen. Wer nämlich mehr als ein bestimmtes Einkommen verdient, der muss nicht in den großen Topf der gesetzlichen Krankenversicherung einzahlen, sondern darf bei einem privaten Unternehmen eine Versicherung abschließen. Deshalb spricht man auch von den »Privatversicherten«.

Jeder Zehnte gehört inzwischen zu den Privatversicherten. Bei ihnen funktioniert alles etwas anders: Hier schickt der Arzt den Patienten tatsächlich erst einmal eine Rechnung. Die Patienten bezahlen sie und holen sich von ihrer Versicherung später das Geld zurück.

Vor allem junge Menschen müssen bei einer privaten Versicherung oft etwas niedrigere Beiträge bezahlen. Zum Teil liegt das daran, dass Menschen, die viel verdienen und in eine private Versicherung wechseln dürfen, seltener krank werden. Sie können sich gesündere Lebensmittel leisten und besser für ihre Gesundheit vorsorgen. Außerdem gehen Mitglieder von privaten Kassen seltener zum Arzt oder bezahlen viele Rechnungen aus eigener Tasche, weil sie dann als Dankeschön von ihrer Versicherung etwas Geld zurückbekommen.

Kopf oder Zahl:
Wie löst man die Probleme der
Krankenversicherung?

Hätte Maya vor 200 Jahren gelebt, dann hätte ihr Arm ihr ganz schön zu schaffen gemacht. Damals hätten die Ärzte noch gar nicht gewusst, wie man einen so komplizierten Bruch richtig heilt. Es hätte noch keine guten Mittel gegeben, um Maya vor ihrer Operation in einen tiefen Schlaf zu versetzen. Und niemand hätte Nägel aus Titan gekannt, um gebrochene Knochen festzuhalten. Vielleicht wäre Mayas Arm sogar schief zusammengewachsen. Dann hätte sie nie mehr richtig klettern können.

Masern oder Mumps zählten einst zu den gefährlichen Krankheiten. Blinddarmentzündungen waren lebensbedrohlich, als sie noch niemand operieren konnte. Und viele der Babys, die Ärzte heute durch einen Kaiserschnitt auf die Welt holen, hätten früher nur wenig Chancen gehabt. Gott sei Dank sind die Ärzte und Wissenschaftler heute viel klüger.

Inzwischen kennt man Mittel, um fast alle Krankheiten zu heilen. Man kann sogar ein Herz oder eine Niere verpflanzen. Die Krankenhäuser sind mit hochmodernen Geräten ausgestattet, und die Hersteller von Medikamenten forschen ständig weiter an neuen Tabletten und neuen Wirkstoffen. Der Fortschritt nutzt der Gesundheit der Menschen. Auch deswegen werden die Menschen heute viel älter als noch vor 200 Jahren.

Allerdings kosten neue Medikamente und neue Geräte, an denen oft jahrelang geforscht wurde, auch viel Geld. Und das Geld, um sie zu kaufen, stammt aus dem großen Topf der gesetzlichen Krankenversicherung, in den alle Mitglieder einzahlen. Der Fortschritt hat die Gesundheit sicherer, aber auch teurer gemacht. Auf Dauer bekommt die Krankenversicherung damit Schwierigkeiten: Wenn Gesundheit immer mehr kostet, dann fehlt irgendwann Geld im Topf. Deshalb müssen die Krankenkassen im Zweifel die Beiträge erhöhen. Schließlich brauchen sie Geld, wenn sie keine Geldsorgen bekommen wollen.

Die Politiker in Berlin reden daher besonders oft darüber, ob sich nicht etwas bei der Krankenversicherung ändern müsse. Hier und da haben sie zwar schon ein bisschen hin und her reformiert, aber alle Sorgen sind sie längst nicht losgeworden. Wenn im Topf der Krankenversicherung Geld fehlt, dann gibt es eigentlich nur zwei Möglichkeiten: Entweder sorgen die Politiker dafür, dass mehr Geld in den Topf kommt, oder sie kümmern sich darum, dass aus dem Topf weniger bezahlt werden muss. Um sich zu entscheiden, könnten die Politiker auch eine Münze werfen, Kopf oder Zahl, denn beides ist ganz schön schwierig.

Wie zum Beispiel können die Politiker dafür sorgen, dass weniger Geld aus dem Gesundheitstopf genommen wird? Das ist eine knifflige Frage. Für die Menschen ist die eigene Gesundheit zwar ein kostbares Gut, aber sie möchten nur ungern dafür bezahlen. Deswegen sind sie schnell verärgert, wenn sie das Gefühl haben, die Politiker wollen ausgerechnet bei Medikamenten oder Untersuchungen sparen.

Ein paar Mal konnten sich die Politiker in den vergangenen Jahren allerdings mit ihren Sparideen durchsetzen. Auch Maya merkt das. Wenn sie jetzt zum Arzt geht, muss sie dafür einmal im Vierteljahr etwas Geld bezahlen, die Praxisgebühr. Wenn sie Medikamente gegen ihre Schmerzen im Arm braucht, muss sie einen Teil davon selbst bezahlen. Und außerdem musste sie eine Versicherung für den Fall abschließen, dass sie einmal künstliche Zähne braucht.

Die Politiker haben sich die Praxisgebühr ausgedacht, damit die Menschen nicht öfter zum Arzt gehen, als unbedingt nötig ist. Wenn Maya eine Erkältung hat, überlegt sie jetzt länger, ob sie in die Sprechstunde geht oder sich einfach in der Apotheke einen Hustensaft kauft. Allerdings muss sie die Praxisgebühr mit Ausnahme des Zahnarztes nur bei einem Arzt bezahlen. Wenn der Hausarzt Maya mit einer Überweisung zum Hals-Nasen-Ohren-Arzt schickt, dann zahlt sie dort keine Gebühr mehr.

Bei den Medikamenten müssen die Menschen inzwischen etwas dazubezahlen, damit sie nicht unnötig Pillen und Tabletten zu Hause horten und die Krankenkassen auf diese Weise nicht mehr so viel für Arzneimittel ausgeben müssen. Heute muss Maya bei jeder Schachtel Tabletten und jedem Fläschchen Medizin, die ihr Arzt verschrieben hat, einen kleinen Anteil selbst übernehmen. Weil sie eben »dazuzahlen« muss, reden die Politiker auch von einer »Zuzahlung«.

Wie gesagt: Beliebt ist das alles bei den Menschen nicht. Kein Politiker spart gern bei der Gesundheit und kein Patient gibt gern mehr Geld aus. Deswegen denken die Politiker inzwischen viel lieber darüber nach, wie es gelingen kann, mehr Geld in den Topf der gesetzlichen Krankenversicherung zu bringen.

Einige Fachleute schlagen vor, dass man einfach mehr Menschen zu Mitgliedern in den gesetzlichen Krankenkassen machen müsse. Bisher ist es nämlich so, dass fast nur die Menschen, die bei einer Firma angestellt sind, Beiträge für die gesetzliche Krankenversicherung zahlen. Wer selbst eine Firma gegründet hat und sein eigener Chef ist, der kann sich privat versichern. Auch die Beamten zahlen nicht in die gesetzliche Krankenkasse ein. Das könnten die Politiker allerdings ändern, indem sie alle Bürger zu Mitgliedern der gesetzlichen Krankenversicherung machen. Deshalb reden sie viel davon, eine »Bürgerversicherung« einzuführen. Dann würden die Einnahmen schnell von ganz alleine sprudeln.

Und ihre Idee geht noch weiter: Warum sollten Beiträge eigentlich immer nur davon abhängig sein, welchen Arbeitslohn die Versicherten in jedem Monat kassieren? Es gibt doch auch Menschen, die von ihrem ersparten Geld leben können, weil sie jeden Monat Zinsen verdienen. Andere leben davon, dass sie Häuser besitzen und ihre Wohnungen an andere Menschen vermieten. Und sie alle zahlen darauf bisher keine Krankenkassenbeiträge. Warum also nicht Beiträge auch auf Zinsen, den Wertzuwachs des Geldes also, oder Mieteinnahmen erheben? Politiker, die die Bürgerversicherung toll finden, gibt es vor allem bei der SPD und bei den Grünen. Allerdings ist die Idee nicht so einfach, wie es klingt. Vor allem ist sie sehr aufwändig. Irgendwer muss ja erst einmal herausfinden, wie viel Euro die Versicherten überhaupt durch Zinsen und Mieten verdienen.

Die Politiker von der CDU dagegen begeistern sich für eine ganz andere Idee: die Gesundheitsprämie. Sie wollen, dass jeder Versicherte künftig den gleichen Betrag in den Topf der Krankenversicherung einzahlt – egal wie viel er verdient. Der Preis für die Krankenversicherung ist also für jeden Kopf gleich, deswegen sagen viele Politiker auch »Kopfpauschale«. Wer selber nicht genug Geld für seine Krankenversicherung hat, dem soll der Finanzminister mit Geld aus dem Steuertopf aushelfen.

Politiker, die die Kopfpauschale toll finden, wollen unbedingt vermeiden, dass steigende Beiträge in den Krankenversicherungstopf die Lohnkosten bei den Unternehmen klettern lassen und dass umgekehrt hohe Arbeitslosenzahlen die Kassenbeiträge hochjagen. Auf diese Weise können die Unternehmer weiter alle Mitarbeiter beschäftigen oder neue einstellen. Viele Politiker sagen, dass nur so die Arbeitslosigkeit bekämpft werden könne. Deswegen müsse der Arbeitgeberbeitrag, den die Unternehmer zahlen, immer gleich bleiben. Komme, was wolle. Wenn die Krankenversicherung also insgesamt teurer wird, dann müssen für den Preisanstieg nur die Beschäftigten bezahlen. Die Unternehmen aber belastet das nicht.

Allerdings ist die Kopfpauschale den Menschen nur schwer zu erklären, weil sie komplett anders funktioniert als die heutige Krankenversicherung. Außerdem klingt auch ihr Name nicht besonders freundlich, sondern eher so, als habe die ganze Idee irgendetwas mit einer Guillotine zu tun. Und die ist bekanntlich der Gesundheit nicht gerade zuträglich.

Wasserballett im Haifischbecken: Warum ist eine Reform der Sozialversicherung so schwierig?

Früh an diesem Herbstmorgen liegt die Hauptstadt noch im Schlaf. Draußen ist es dunkel und ein stürmischer Wind weht durch die Straßen. Nur im Gesundheits- und Rentenministerium brennt schon Licht.

Die Ministerin sitzt an ihrem Schreibtisch vor einer Tasse Kräutertee und einer Scheibe Knäckebrot. Gesundheitsminister müssen immer sehr gesund leben, schließlich sind sie Vorbilder. Es gab sogar schon Gesundheitsminister, die sich extra das Rauchen abgewöhnten, bevor sie den Eid auf ihr neues Amt ablegten.

Heute hat die Ministerin wieder einen sehr langen Tag vor sich. Das ganze Ministerium ist in heller Aufregung. Gestern haben die Chefs der großen Krankenversicherungen erklärt, dass Ebbe in ihren Kassen herrsche. Wieder einmal. Deswegen wollen sie im nächsten Jahr mehr Geld von ihren Versicherten fordern und die Beitragssätze erhöhen.

Allerdings hält die Gesundheitsministerin das für keine besonders gute Idee. Schließlich regen die Bürger sich immer fürchterlich auf, wenn sie schon wieder mehr Geld für ihre Krankenversicherung bezahlen sollen. Auch die Unternehmen stöhnen, dass sie mehr Geld für ihre Beschäftigten ausgeben müssen, wenn die Arbeitgeberbeiträge steigen. Am Ende entlassen die Firmen Menschen, und die Arbeitslosigkeit nimmt zu. Und irgendwann werden die Patienten und die Arbeitslosen auch wieder Wähler sein. Deswegen will die Ministerin eingreifen. Es muss etwas geschehen. Und zwar heute.

Noch am Vorabend hat die Ministerin mit ihren engsten Beratern eine geheime Liste aufgestellt. Darin haben sie drei Ideen notiert, wie sich bei der Gesundheit Geld sparen ließe:

Punkt eins: Die Tabletten-Hersteller sollen ihre Pillen billiger verkaufen.

Punkt zwei: Die Ärzte sollen weniger verdienen.

Punkt drei: Die Krankenhäuser müssen sparen.

Und mal sehen, ob sich heute nicht noch mehr Sparmaßnahmen finden lassen . . .

Langsam wird es draußen heller. Die Ministerin gießt sich noch ein Tässchen Tee ein und greift zu ihrer Lieblingszeitung, um ein wenig darin zu blättern. Aber das ist doch . . . unerhört! »Geheime Streichliste – Ministerin will bei der Gesundheit sparen«, hat die Zeitung geschrieben, ganz groß auf Seite eins.

Wer um alles in der Welt könnte den Journalisten davon erzählt haben? Die Ministerin ringt um Fassung. Und sie ahnt, was heute geschehen wird. Sie wird Besuch bekommen. Unschönen Besuch. Von den Tabletten-Herstellern, den Ärzte-Vereinigungen und den Krankenhaus-Chefs. Und sie alle werden nur eins wollen: sich heftig beschweren.

Kaum zwei Stunden später klopft es an der Tür. Eine Mitarbeiterin führt zwei ältere Herren mit schütterem Haar und dunklen Anzügen herein. »Frau Ministerin, meine Verehrteste«, hüstelt der eine und greift nach der ministerialen Hand. »Was für eine Freude, Sie zu sehen!«

»Ganz meinerseits«, entgegnet die Ministerin ein wenig kühl, zieht ihre Hand zurück und deutet auf ihre Besucherstühle. Sie kennt diese Herren bereits. Sie sehen zwar freundlich aus, aber dafür werden sie auch bezahlt. Höflichkeit gehört bei ihnen zum Geschäft. Schließlich wollen sie etwas von der Ministerin. Sie wurden von den Tabletten-Herstellern geschickt, die über die Spar-Liste der Ministerin gar nicht amüsiert sind.

»Wo wir nur können, unterstützen wir die Politik bei ihrem Bestreben, die Lohnnebenkosten zu senken, verehrte Frau Ministerin«, sagen die graumelierten Herren im Chor. »Sie wissen, dass wir vor allem Ihre Verdienste überaus schätzen.« Die Ministerin seufzt. Sie weiß, dass bald ein »aber . . .« folgen wird.

»Aber Sie können sich denken, verehrte Frau Ministerin«, fahren die Herren fort, »dass Sie uns in eine etwas schwierige Situation bringen.« Die Männer reden und reden und reden. »Wir können unsere Pillen und Tabletten nicht billiger verkaufen, nur weil Sie das wollen. Das geht nun wirklich nicht. Wenn wir nämlich nicht mehr genug mit unseren Produkten verdienen, dann können wir unsere Beschäftigten nicht mehr bezahlen. Und wir wollen doch niemanden entlassen, nur weil Sie, verehrte Frau Ministerin, uns zum Sparen verpflichten«, sagen die Herren. »Was sollen denn all die Arbeitslosen von Ihnen denken, wenn Sie davon erfahren? Und Sie werden davon erfahren, das garantieren wir Ihnen. Haben Sie das alles überhaupt bedacht, Verehrteste?«

Wieder seufzt die Ministerin. Der Tag hat wirklich nicht gut angefangen. Nun geleitet sie die Herren zur Tür. Eine Ministerin hat schließlich nicht ewig Zeit.

Als sie wieder allein ist, setzt sie sich an ihren Schreibtisch, um noch einmal über ihrer Spar-Liste zu brüten. Die Sache mit den Arbeitslosen hat sie doch etwas nachdenklich gemacht. Wäre es denn überhaupt möglich, auf den Beitrag der Pillen-Hersteller zu verzichten? Entnervt tippt die Ministerin ein paar Zahlen in den Taschenrechner. Da klopft es erneut an der Tür.

Herein tritt ein Herr im dunklen Zwirn, der normalerweise einen weißen Kittel trägt. Es ist der Chef der Ärzte-Vereinigung. »Ich freue mich, dass Sie Zeit für mich haben, Frau Ministerin«, sagt er. Verstört entgegnet die Ministerin: »Aber ich wusste gar nicht, dass Sie ...«

»Kommen wir gleich zur Sache«, fährt der Ärzte-Vertreter fort. »Wir haben aus der Zeitung von Ihren Plänen gehört. Bei allem gebotenen Respekt, aber so geht das nicht, Frau Ministerin. Es ist gar kein Gedanke daran zu verwenden, ach, was sage ich, es ist völlig un-denk-bar, den Ärzten etwas von ihren Einnahmen wegzunehmen. Ich wiederhole: Un-denk-bar«, sagt der Ärzte-Vertreter und wird dabei immer lauter. »Viele Ärzte können sich finanziell ohnehin kaum noch über Wasser halten. Und überhaupt – stellen Sie sich doch nur einmal vor, die Ärzte würden in jeder Praxis mit Plakaten darauf hinweisen müssen, dass Sie, verehrte Frau Ministerin, ausgerechnet an der Gesundheit sparen wollen. Was sollen denn dann nur die Patienten von Ihnen halten? Und Sie wissen ja, dass bald wieder Wahlen sind«, sagt der Ärztevertreter mit kaltem Lächeln. Die Ministerin weiß: Das war eine Drohung. Und es war nicht die erste. Mit den Ärzten hat die Ministerin öfter Streit.

Kaum hat der Ärzte-Vertreter ihr Büro wieder verlassen, klopft es erneut. Dieses Mal sind es zwei Damen in dunklen Kostümen und ein Herr im grauen Zweireiher. Sie kommen vom Verband der Krankenhäuser. Und wie das Gespräch läuft, kann sich jetzt schon jeder denken. »Sie wissen ja, dass wir Sie unterstützen, wo wir nur können, verehrte Frau Ministerin. Aber bei den Krankenhäusern zu sparen – das geht nun wirklich nicht. Stellen Sie sich doch einfach mal vor, wir müssten unsere Patienten so früh wieder aus dem Hospital entlassen, wie es in andern Ländern üblich ist: Wollen Sie die Verantwortung dafür übernehmen, falls doch einem Patienten etwas passiert? Oder wenn die Zeitungen schreiben: ›Spar-Ministerin verschuldet . . .‹«

»Schon gut, schon gut«, winkt die Ministerin ab. »Ich habe verstanden: Sie wollen einfach nicht, dass wir Ihnen etwas wegnehmen. Und da sind Sie heute auch nicht die Einzigen.«

Der Tag bleibt für die Ministerin so unangenehm wie er begonnen hat. Es folgen die Chefs der Krankenkassen, die fürchten, die Ministerin wolle nun doch nicht mehr den Rotstift bei den Pillen-Herstellern, Ärzten oder Krankenhäusern ansetzen und stattdessen die Kassen verdonnern, beim Personal zu sparen. Dann erscheinen die Chefs der Unternehmerverbände, die Angst haben, ihre Arbeitgeberbeiträge zur Krankenversicherung könnten steigen. Sie warnen die Ministerin davor, zu wenig zu sparen. Kurz darauf klopfen die Gewerkschafts-Fachleute an die Bürotür und warnen die Ministerin davor, zu viel zu sparen. Und so weiter und so weiter und so weiter.

Natürlich ist dies eine erfundene Geschichte. Aber sie dürfte der Wirklichkeit ziemlich nahe kommen. Tatsächlich gibt es kaum einen anderen Markt, der so verschwiemelt und verquast ist wie der für Gesundheit. Das liegt daran, dass es sehr viele mächtige Gruppen gibt, die mit Gesundheit ihr Geld verdienen: Pillen-Hersteller, Ärzte, Krankenhäuser und Krankenkassen zum Beispiel. Dann kommen auch noch die Gewerkschaften und Arbeitgeberverbände, die zwar selten einer Meinung sind, aber fast überall ein Wörtchen mitzureden haben. Gemeinsam wachen sie in der Selbstverwaltung darüber, wie die Krankenkassen mit dem Geld der Versicherten umgehen. Egal welche Neuerung die Politiker also vorschlagen – irgendjemand ist immer beleidigt. Und wer beleidigt ist, der beschwert sich oft und laut bei den Politikern. Auf dem Gesundheitsmarkt, so heißt es, seien die Beschwerden sogar immer ganz besonders laut.

Es gab daher einmal einen Sozialminister, der gesagt hat, eine Reform im Gesundheitswesen durchzusetzen, sei ungefähr genauso unterhaltsam wie im Haifischbecken Wasserballett zu tanzen. Und so kommt es, dass große Reformen ganz schön schwer sind.

Wenn es um Gesundheitsreformen geht, müssen sich sehr, sehr viele Beteiligte einig werden. Die Politiker aus verschiedenen Parteien müssen nicht nur untereinander ihre Streitereien austragen, was oft schon schwierig genug ist. Sie müssen sich auch mit allen Gruppen einigen, die mit der Gesundheit ihr Geld verdienen. Sie müssen Arbeitgeber und Gewerkschaften mit ins Boot holen. Und sie müssen dafür sorgen, dass die Patienten nicht verschreckt werden. Von mancher groß angekündigten Reform bleibt deshalb oft nur ein kleines Reförmchen übrig.

Nicht anders ist das bei der Rentenversicherung. Auch hier reden viele Gruppen mit. Egal an welcher Renten-Schraube die Politiker drehen wollen – irgendwer hat immer Angst, er könne am Ende schlechter dastehen.

Wenn die Politiker zum Beispiel vorschlagen, die Menschen sollten erst später in Rente gehen, um den Rententopf zu schonen, dann ärgern sich alle, die bald länger arbeiten müssen. Vor allem ärgern sich natürlich die, die kurz vor der Rente standen – und nun doch noch länger zur Arbeit gehen müssen. Und die Gewerkschaften werden warnen, die alten Menschen könnten den jungen die Arbeitsplätze wegnehmen, wenn sie nicht in Rente gingen.

Sollen die Rentenbeiträge steigen, um den Rententopf zu

füllen, ärgern sich wiederum alle jungen Menschen und alle Unternehmer, die das über ihre Beiträge bezahlen müssen.

Wenn andersherum die Rente auf lange Sicht sinken soll, um die Beiträge günstiger zu machen, gehen alle Rentner auf die Straßen, um zu protestieren. Und die Gewerkschaften wahrscheinlich sowieso. Für eine Rentenreform brauchen die Politiker also Nerven wie Drahtseile.

Keine Frage, bei der Rente sind die Menschen sehr sensibel. Viele fürchten sich ohnehin ein bisschen vor dem Älterwerden und davor, irgendwann einmal ohne Geld dazustehen. Und den Rentnern nimmt kein Politiker gern etwas weg. Schließlich haben die Ruheständler ein ganzes Arbeitsleben lang Beiträge eingezahlt, in der Hoffnung, im Alter ein bescheidenes Auskommen zu haben. Wer wollte daran rütteln?

Weil es so kniffelig ist, etwas an der Rentenversicherung zu ändern, haben die Politiker früher kaum öffentlich über die Rente gestritten. Wenn etwas an der Rente geändert werden musste, berieten die Parteien ziemlich friedlich darüber. Die Rente war den großen Parteien nämlich so heilig, dass sie die Menschen nicht mit Frotzeleien und Rüpeleien verunsichern wollten. Deswegen beschlossen die Regierung und ihre Gegner von der Opposition fast alle Neuerungen gemeinsam. Die Politiker nannten das den »Rentenkonsens«.

Ende der neunziger Jahre gerieten sich die Parteien dann allerdings so sehr in die Haare, dass die Parteien in der Opposition die Regierung nicht unterstützen wollten. Seither streiten die Politiker wieder heftig über die Rente.

Jede Partei, die gerade nicht selbst regiert und nur kritisieren muss, was ihre Gegner in der Regierung so veranstalten, hat immer viele Vorschläge, was sie bei der Rente (und übrigens auch bei der Gesundheit) alles ändern würde. Wenn sie aber erst einmal selbst an der Regierung ist, bleibt von den großen Vorschlägen oft nicht viel übrig. Und darin unterscheiden sich die großen Parteien SPD und CDU/CSU gar nicht so sehr.

Ganz große Reformen in der Kranken- und Rentenversicherung können die Politiker deshalb selten auf einen Schlag machen. Meistens passen sie die Gesetze nur vorsichtig nach und nach der Zeit an. Mehr ist meistens nicht drin.

Die Sozialversicherung:
Was geht mich das an?

Nur eine kleine Narbe erinnert noch an den Kletterunfall. Maya fühlt sich längst wieder fit. Der Gips ist abgenommen, ihr Arm geheilt. Seit ein paar Wochen schon kann Maya im Fernsehstudio arbeiten und fast alles ist wieder wie vor dem Sturz am Felsen – nur dass Maya jetzt sehr genau weiß, was die Sozialversicherung wert ist.

Ärzte und Schwestern im Krankenhaus, die Operation, Medikamente, Krankengymnastik – all das hat zusammen viele tausend Euro gekostet. So viel Geld hätte Maya gar nicht bezahlen können. Musste sie auch nicht, weil sie bei einer Krankenkasse versichert ist und dafür in jedem Monat Beiträge von ihrem Arbeitslohn zahlt.

Die Krankenversicherung hilft, wenn der Notfall da ist. Sie hilft aber auch vorzubeugen, dass es gar nicht erst zum schlimmsten Fall kommt. Deshalb bezahlen die Krankenkassen Vorsorgeuntersuchungen bei Kindern und Erwachsenen, um früh genug zu erkennen, ob sich eine schwerere Erkrankung anbahnt. Und inzwischen bekommt Maya sogar etwas Geld von ihrer Kasse zurück, weil sie auf ihre Gesundheit achtet und viel Sport macht.

Aber die gesetzliche Krankenversicherung unterstützt nicht nur die Erwachsenen, die selber jeden Monat Beiträge einzahlen. Auch Kinder und Jugendliche, die noch zur Schule gehen, sind bei der Krankenkasse ihrer Eltern mitversichert. Das kostet Mama oder Papa keinen Cent extra. Alle Beitragszahler zusammen übernehmen die Kosten für die Kinder.

Weil jeder mal krank wird und zum Arzt muss, geht die Krankenversicherung jeden etwas an. Das ist logisch. Aber was ist mit der Rente? Bei der Rente merkt man erst im Alter, was man selbst davon hat, jahrelang Beiträge in den Rententopf eingezahlt zu haben. Und was kümmert uns heute schon die Rente, die wir morgen erst bekommen? Oder anders: Was geht es Maya heute an, wie viel Geld ihr Opa aus dem Rententopf bekommt?

Ganz einfach: Es geht Maya sogar sehr viel an. Sie ist es nämlich, die Opas Rente mitbezahlt. Weil die Rente wie ein Kettenbrief funktioniert, zahlen diejenigen, die wie Maya jung sind und eine Arbeitsstelle haben, heute die Rente für die Älteren, die nicht mehr arbeiten müssen. Und je mehr aus dem Rententopf genommen wird, desto mehr müssen Maya und die anderen jungen Menschen einzahlen.

Natürlich ist das fair, weil die Älteren wie Mayas Opa ein Leben lang Geld in den Rententopf eingezahlt haben. Trotzdem bleibt für die Jüngeren eine Last. Denn für die Rente zahlen alle Menschen, die eine Arbeitsstelle haben, jeden Monat Beiträge ein. Von der ersten Lehrstelle an.

Die Politiker reden deshalb oft über Reformen. Und häufig geht es darum, die Ansprüche zurückzuschrauben. Wahrscheinlich wird Maya, wenn sie in Rente geht, sogar weniger Geld aus dem Rententopf bekommen als ihr Opa heute. Deswegen ist es gut, wenn sie schon heute spart. Denn wer sicher sein will, dass er später immer genug Geld hat, der sollte heute schon anfangen vorzusorgen. Wer heute jung ist, kann am besten für sein Alter sparen und schon mal etwas Geld zurücklegen. Sparen geht nämlich einfacher, wenn man es über viele Jahre hin regelmäßig macht. Auch ein paar Euro sind ein guter Anfang. Dann kommen regelmäßig Zinsen dazu und das Geld wächst wie von Zauberhand.

Deswegen haben die Politiker schon heute etwas an der Rente geändert. Sie wollen langsam weg vom Kettenbrief- und immer mehr hin zum Sparbuchverfahren. Die Menschen müssen künftig selber mehr Geld für ihr Alter sparen.

Das liegt daran, dass die Sozialversicherung sehr teuer geworden ist. Und so wichtig eine Absicherung gegen Armut im Alter oder gegen Krankheiten auch ist – wenn sie zu teuer wird, dann gerät sie selbst zur Gefahr.

Wenn die Beiträge zur Renten- oder Krankenversicherung immer höher klettern, bleibt den Arbeitnehmern nämlich immer weniger von ihrem Lohn zum Leben. Gleichzeitig müssen die Unternehmer, die den Arbeitgeberbeitrag übernehmen, immer mehr ausgeben, um alle Kosten für einen Beschäftigten zu bezahlen. Mancher Firma wird das irgendwann vielleicht zu viel und sie entlässt Mitarbeiter. Andere Chefs können es sich vielleicht nicht mehr leisten, einen neuen Kollegen einzustellen.

Am Ende entsteht wieder Arbeitslosigkeit. Und Arbeitslosigkeit geht uns alle an.

Maya jedenfalls liebt ihren neuen Job beim Fernsehsender sehr. Und will ihn auf jeden Fall behalten.

Stichwortverzeichnis

Danke, Daniel.

Gina Schulze
Arbeit – Leben – Glück
Wie man herausfindet, was man werden will
Mit zahlreichen Abbildungen

dtv
Gina Schulze
Arbeit – Leben – Glück

Wie man
herausfindet,
was man
werden will

Reihe Hanser

ISBN 3-423-**62220**-2

Den Weg in die Arbeitswelt durch die Methode »Versuch und Irrtum« zu finden, ist der bitterste. Besser und zeitsparender ist der Weg: kluges Handeln durch Nachdenken. Aber dazu muss man wissen, worüber man überhaupt nachdenken soll. Wie bekommt man heraus, was für einen selbst das Richtige ist? Dieses Buch leitet zum Nachdenken an über die eigenen Möglichkeiten und über einen zukünftigen Beruf.

Ingeborg Gleichauf
Ich will verstehen
Geschichte der Philosophinnen
Mit Zeichnungen von Peter Schössow

ISBN 3-423-**62214**-8

Ingeborg Gleichauf stellt fünfundvierzig Philosophinnen von
der Antike bis in die Gegenwart vor: Dabei stehen jeweils
die Ideen der Frauen im Mittelpunkt oder die Schulen,
denen sie nahe standen. Auf diese Weise entsteht auch eine
kleine Philosophiegeschichte, die zeigt, dass Frauen sich
schon immer mit dem, was die Welt im Innersten zusam-
menhält, beschäftigt haben.

Zum Teufel,
wo geht's in den Himmel?

100 poetische Wege
Herausgegeben von Anton G. Leitner
und Siegfried Völlger

ISBN 3-423-**62228**-8

Die Fragen nach dem Woher und Wohin begleiten den Menschen ein Leben lang. Auch die Poesie sucht nach Antworten auf die Sinnfrage: in aller Herren Länder, in vielen Kulturkreisen, Religionen und Weltanschauungen. Manche Gedichte sind buchstäblich Navigationshilfen, vielleicht auch nur mit dem Ziel, sich selbst zu verorten, um, wie Ingeborg Bachmann sagt, wenigstens »eine einzige Stunde frei zu sein«.